ISBN: 978-1502785374
© by Dr. Lucia Moiné, Passauer Str. 3, 94121 Salzweg
Umschlag: © Dr. Lucia Moiné
Printed in Germany by Amazon Distribution GmbH, Leipzig

"Lies dies, nicht um zu widersprechen und zu widerlegen, oder um zu glauben und für erwiesen zu halten, sondern um es abzuwägen und darüber nachzudenken." Sir Francis Bacon

Inhaltsübersicht

Über dieses Buch

In vielen Familien kursieren Geschichten, die unheimlich oder für die Betroffenen unerklärbar sind, wie z.B. jüngst Verstorbene, die sich noch einmal bei ihren Lieben verabschieden, ein Hausgeist, der die neuen Mieter durch allerlei Phänomene ängstigt, Kinder, die ins Nichts winken und sich scheinbar mit der Wand unterhalten... Selten jedoch wird offen über diese Erlebnisse gesprochen, aus Angst, sich vor anderen lächerlich zu machen.

Trotz oder gerade wegen dieser Tabuisierung habe ich begonnen, diese „wahren Geistergeschichten" zu sammeln, um sie in Buchform zu veröffentlichen.

Einige Personen werden sich sicher an dem Begriff „wahre Geistergeschichten" stören. Es ist natürlich nicht nachzuweisen, ob es sich bei den einzelnen Erlebnissen tatsächlich um durch übernatürliche Eingriffe und Handlungen ausgelöste Vorfälle handelt, jedoch besteht in meinen Augen kein Zweifel an der Aufrichtigkeit der Personen, die diese Geschichten erlebt haben. Es handelt sich also um echte Begebenheiten im Kontrast zu fiktiven Geistergeschichten. Was diese Erlebnisse letztendlich hervorgerufen hat, muss offen bleiben und ist frei für die Interpretation des Lesers und seiner Glaubensvorstellungen.

Das Wort Spuk stammt aus dem Niederdeutschen, die genaue Wortherkunft bleibt jedoch unklar.[1] Auf der Seite des Duden kann man nachlesen, Spuk sei in seiner ersten Bedeutung eine „Geistererscheinung"[2] und die animistische Richtung der Parapsychologie deutet den Begriff als psychokinetisches Phänomen.

Im Folgenden wird das Wort Spuk jedoch v.a. als Synonym für - im ersten Moment - unerklärliche und außergewöhnliche Erlebnisse

---

[1] Friedrich Kluge. Etymologisches Wörterbuch der deutschen Sprache. Bearb. von Elmar Seebold. 24., durchges. und erw., Aufl. Berlin, New York 2002, 871.

[2] http://www.duden.de/rechtschreibung/Spuk, letzter Zugriff am 27.4.2014, 18:21 Uhr

verwendet, ohne damit eine Wertung hinsichtlich Spiritismus oder Animismus vorzunehmen, und ohne eine rationale Erklärung auszuschließen. Auf Letztere wird im Schlusskapitel eingegangen.

Die Gliederung der Geschichten in diesem Buch erfolgte allein durch die subjektive Interpretation der Betroffenen, die mir ihre Erlebnisse zugeschickt haben. Diese umfassen ein recht breites Spektrum von Erfahrungen.

Die Geschichten wurden originalgetreu und oft im ursprünglichen Wortlaut der Erzähler wiedergegeben. Einige Personen sind mit ihrem richtigen Namen hier im Buch aufgeführt, andere zogen es vor, sich ein Pseudonym zuzulegen oder ganz anonym zu bleiben. Die Abbildungen dieses Buches wurden mir teilweise zusammen mit den Geschichten zugeschickt, teilweise sind es auch nachgestellte Szenen und Beispielfotos.

Eine häufig an mich gerichtete Frage ist, wie ich denn zu diesem ungewöhnlichen Thema gekommen bin. Man schreibt schließlich nicht einfach ohne Grund ein Buch über paranormale Erlebnisse. Das Thema an sich hat mich schon immer fasziniert und begleitet, seit dem Zeitpunkt als ich als kleines Mädchen verbotenerweise den Geistergeschichten meiner Großtante gelauscht hatte.

Auch in späteren Jahren blieb die Faszination über nichtalltägliche Phänomene erhalten. Als Teenager fand ich ein Buch über Psychologie mit einem Kapitel über Parapsychologie im Regal meines Vaters und las es mit großem Interesse und wachsender Neugier. Obwohl ich zum damaligen Zeitpunkt nie ein eigenes Erlebnis dieser Art hatte, so war ich doch sehr interessiert an den Geschichten, die man manchmal im Familien oder Freundeskreis hörte.

Viele Jahre später lernte ich andere Interessierte kennen, mit denen ich mich austauschen konnte und die teilweise selbst einige Erlebnisse zu berichten hatten. Im Laufe der Zeit wurden mir also immer mehr Geschichten über Unheimliches oder unfassbar Erscheinendes zugetragen, die mich letztendlich auf die Idee brachten, diese zu Papier zu bringen und zu zeigen, wie verbreitet auch heutzutage solche Erlebnisse noch innerhalb der Bevölkerung des deutschsprachigen Raumes sind.

Kapitel 1 Geisterhafte Mitbewohner

Wenn man die Berichte in diesem Kapitel liest, so scheint es fast, als ob es einige besonders sture Exemplare von Geistern gäbe, die sich weigerten, ihre alte gemütliche Behausung kampflos zu räumen. Manche scheinen sich zwar um ein friedliches Miteinander zu bemühen, doch gibt es, den Geschichten zufolge, wohl auch übellaunige Gesellen, die selbst vor Handgreiflichkeiten nicht zurückschrecken, um die „Fremden" in ihrer Wohnung möglichst schnell hinauszuekeln. Einige erscheinen auch leicht verwirrt über die neuen Mieter in ihrer alten Behausung, auch wenn sich im Laufe der Jahre vielleicht das einstige Wohnhaus in ein Geschäftshaus oder sogar, wie in einer Geschichte, in eine Mülldeponie verwandelt hat. In einigen Fällen sind es auch besorgte Verwandte, die sich um die nächste Generation fürsorglich zu kümmern scheinen. Doch sind es sicherlich immer spannende und lesenswerte Erlebnisse:

Das Haus am Friedhof

Marion Lorenz hat dazu gleich mehrere Erfahrungen zu berichten. Die erste Begebenheit trug sich zu, als sie gerade einmal 16 Jahre alt war. Sie besuchte eine Freundin, die mit ihren Eltern in einem alten Fachwerkhaus neben dem Friedhof wohnte. „Es sah aus wie ein kleines Hexenhaus." Begleitet wurde sie von ihrem getreuen schwarzen Mischlingshund Sissy: „In diesem Haus sind immer wieder seltsame Sachen passiert." Während dieses Besuches blieb Marion für einige Zeit allein im Zimmer der Freundin, da diese unten in der Küche Tee zubereiten wollte. „Ich saß also alleine mit meinem Hund im Zimmer, mit dem Rücken zur Tür. Dann hörte ich, wie jemand die Treppe hochkommt und vor ihrem Zimmer stehen bleibt. Ich dachte sofort – ah ja, das ist bestimmt Christoph, ihr Bruder und der will mich jetzt erschrecken. Mein Hund fing an zu knurren. Dann hörte ich, wie jemand langsam die Türklinke runter gedrückt hat und ins Zimmer kam."

Die Gestalt, so schreibt sie, blieb beim Ofen, etwa einen Meter weit von der Tür entfernt, stehen. Noch immer saß sie mit dem Rücken zur Tür, sie nahm die Bewegungen nur akustisch wahr. In diesem Augenblick jedoch drehte sie sich um, da sie zu dem dort vermuteten Bruder der Freundin triumphierend sagen wollte, er könne sie so einfach nicht erschrecken. Doch groß war das Erstaunen, als sie weit und breit niemanden sah. Sie war noch immer die einzige Person im Zimmer. „Mein Hund knurrte immer noch. Sekunden später kam meine Freundin ins Zimmer. Ich fragte sie, ob ihr Bruder da sei, was sie verneinte. Der war bei einem Freund in einer anderen Stadt."

Als Marion ihrer Freundin von den seltsamen Geräuschen erzählte, meinte diese nur: „Ach, das war bestimmt Herr B. Der stellt auch immer den Leuten, die die Treppe runtergehen an einer bestimmten Stelle ein Bein, damit sie stolpern." Offenbar waren die Schritte aus dem Nichts keine allzu ungewöhnliche Sache für die Freundin.

Ihre Familie schrieb diese einem lange verstorbenen ehemaligen Hausbesitzer zu, der noch immer durch sein altes Reich geisterte. Auch die Mutter der Freundin hatte so ihre Erlebnisse in diesem Haus. Eines Tages wachte sie morgens auf, weil sie das Gefühl hatte, es habe sich jemand zu ihr aufs Bett gesetzt. Sie dachte sofort, es sei ihre jüngste Tochter und fragte diese schlaftrunken, was sie denn so früh wolle. Als sie sich jedoch zu der Stelle wandte, an der sie das Gewicht einer Person spürte, stockte ihr der Atem. Dort saß eine transparente Gestalt, eingehüllt in gelbes Licht, und starrte sie unverwandt an. Allen Mut zusammennehmend fragte sie „Was willst du?".

Marion erzählt: „Das Wesen sagte nichts und starrte sie weiter an. Irgendwann konnte sie es nicht mehr ertragen und schaute zur Seite. Sie schlief wieder ein. Als sie später aufgewacht ist, war es weg."

Die Gestalt

Auch in ihrem eigenen Haus hatte Marion, wenn auch viele Jahre später, einige unheimliche Erlebnisse. „Ich stand vor unserem Kaminofen und wollte Holz auflegen. Dann wurde ich plötzlich mit einem Finger an der linken Hand berührt. Ich dachte, jepp haste dir eingebildet und sagte: *"Mach das nochmal."* und wurde erneut berührt. Mit Grauen im Nacken ging ich zum Sofa und setzte mich erstmal hin. Dann sah ich wie etwas auf mich zukam. Etwas weißes Nebliges und ich brüllte „*Stopp! Bis hierher und nicht weiter."* Dann war es weg.

Kürzlich sah Marion den Kopf einer Gestalt, die aus der Küchentür hervorlugte und sie beobachtete. Als die Gestalt merkte, dass Marion sie gesehen hatte, zuckte sie schnell zurück. Doch als Marion daraufhin in die Küche lief, um nachzuschauen, war niemand zu sehen.

Der Schäfer

Petra berichtet ebenfalls über einige eher unerfreuliche Erlebnisse mit geisterhaften Bewohnern ihrer Mietwohnung.

Vor einigen Jahren musste sie mit ihrer damals 16jährigen Tochter umziehen. Beide machten sich auf zu einer Wohnungsbesichtigung. Das Gebäude, in dem die Wohnung lag, war nicht allzu groß und schien, wie auch die Nachbarhäuser, eher modern und freundlich. Die beiden durften sich für die Zeit der Besichtigung auf einen der zum Gebäude gehörenden Parkplätze stellen. Doch kaum hatten sie das Auto geparkt, fiel ihnen ein extremer Geruch nach Zigaretten auf, obwohl weit und breit kein Rauch zu sehen war. Nach einigen Sekunden war der Geruch auch wieder vollkommen verschwunden. Die Wohnungsbesichtigung verlief gut und Mutter und Tochter konnten bald darauf einziehen. Die ersten Wochen war alles ruhig und sie lebten sich gut ein, doch dann begannen die ersten Vorfälle.

Zunächst waren schwere Schritte auf dem Holzboden zu hören, die dann langsam die steile Treppe nach oben stiegen und am Ende hörte man eine Tür zuknallen. „Du sitzt also im Wohnzimmer oder liegst schon im Bett, dann geht es los: stapf stapf stapf stapf usw. und dann rummmmsss. Das ging monatelang die ganze Nacht." Bis es Petra dann irgendwann zu viel wurde. Sie fing an zur Mutter Gottes zu beten und irgendwann kehrte wieder Ruhe in die Wohnung ein. Die Schritte hörten auf und es knallten auch keine Türen mehr von alleine. Doch leider war das nicht der letzte Vorfall, der die Nerven der Mieter strapazierte, denn es war nachts oft ein kleines Mädchen zu hören, das herzzerreißend schluchzte und weinte.

Viele Monate nach diesen Ereignissen lernte Petra ein älteres Ehepaar kennen, das ihr eine Geschichte über das Haus erzählte, in dem sich ihre Wohnung befand. Das Mietshaus war nur 24 Jahre alt, doch zuvor stand an derselben Stelle ein kleines Haus eines Schäfers, das vor 30 Jahren abgerissen wurde. Unten war der Schafstall, darüber die Wohnstube. Der Schäfer war angeblich ein grober Geselle, der auch viel geraucht hatte. Petra brachte die Vorfälle in ihrer Wohnung mit dem alten Schäfer in Verbindung, der, ihrer Ansicht nach, auch nach dem Abriss seines Hauses noch an derselben Stelle herumspukte.

Nico

Frau E. hatte viele Erlebnisse der unheimlichen Art in ihrer ersten gemeinsamen Wohnung mit ihrem Freund Armin. Diese trugen sich in der Zeit von 2003 bis 2008 zu. Da sie Tagebuch führte, sind uns auch die genauen Daten der meisten Vorfälle bekannt.

Sie erzählt: „Wir waren am Renovieren. Ich bearbeitete im Wohnzimmer die Heizkörper, während mein Vater und Armin die Küche aufbauten. Plötzlich hörte ich direkt neben mir laut und deutlich eine freundliche, männliche Stimme, die „Nico" sagte." Das war wohl die geisterhafte Begrüßung zum Wohnungseinstand. Doch es ging bald weiter.

„Armin musste im Juli 2003 [...] für 2 Wochen auf einen Lehrgang weg. Er hatte während dieser Zeit keine Möglichkeit nach Hause zu kommen. [...] Erste Nacht: meine Nachttischleuchte war an. Ohne Licht konnte ich alleine nicht einschlafen. Kurz nach dem ich mich hingelegt hatte, hörte ich, wie die Türklinke im Schlafzimmer von jemandem runtergedrückt wurde, aber die Klinke ging nicht runter. Die Tür ging auf und ich saß wie eine eins auf dem Bett und wusste nicht, was ich machen sollte. Es stand offensichtlich niemand vor der Tür. Erst nach einigen Minuten traute ich mich aufzustehen und das große Licht anzumachen. [...] Zweite Nacht: ich hatte mich gerade hingelegt und hörte nur Sekunden später jemanden an Metall klopfen. Ganz leicht, mal lauter, mal leiser, kein Rhythmus zu erkennen. Ich dachte mir, „komisch, die Heizung ist doch aus" stand auf, um das Klopfen zu lokalisieren. Ich stand dann zwischen dem Heizkörper und dem Metallschrank und hörte erst jetzt, dass das Klopfen nicht von der Heizung kam, sondern von den Alustäben, von unserem Schrank. Ich stand erstmal da und überlegte, wie das kommen konnte. Als mir keine Erklärung einfiel, stieg die Angst. Ich machte das große Licht an und versuchte einzuschlafen. Tagsüber war dieses Klopfen nie da, auch abends nicht, sondern nur dann, wenn ich mich schlafen legte. […] Das Klopfen war jeden Abend zu hören. Selbst, als Armin wieder zurückgekommen war […]. Es fiel ihm dann auch auf, [er] dachte sich aber zuerst nichts dabei. Inzwischen waren mehrere Tage vergangen und es klopfte immer noch. […] ich sagte in meinen Gedanken, *„jetzt reichts's aber!"* Zum ersten Mal hörte dieses Klopfen abrupt auf, doch anstatt mich zu freuen, bekam ich wieder Angst, da „es" offensichtlich meine Gedanken wahrnahm. Ich versuchte das seit diesem Abend jedes Mal mit meinen Gedanken zu unterbinden und es funktionierte [anfangs] auch wirklich jeden Abend!

Doch nach ein paar Tagen klappte das nicht mehr […] und inzwischen war auch Armin nachdenklich geworden, als er das Klopfen bewusst wahrnahm. Wir sprachen uns aus und entsorgten diesen Schrank, seitdem war Ruhe[zumindest in Bezug auf dieses eine Phänomen]." Doch damit waren die nächtlichen Ruhestörungen keinesfalls getan.

„Ich wachte wieder nachts auf, aber diesmal nicht von allein. Etwas schlug so sehr gegen das Bett, dass es nach jedem Schlag nachrüttelte. Es kam von der Fußseite, aus Armins Richtung. Ich richtete mich auf, um nachzuschauen, weil ich davon ausging, dass er mit seinem Bein zuckte und es vielleicht daher kam. Ich schaute hin, doch seine Beine waren nicht einmal in der Nähe dieser Stelle, von wo die Schläge kamen. Es waren vielleicht insgesamt 4 Schläge. Wieder schaltete ich das Licht ein, da es unmöglich war, Armin wach zu kriegen.

Morgens versuchte ich die Schläge „nachzumachen", um zu erfahren, wie viel Kraft ich […] anwenden müsste, um das Massivbett zum Rütteln zu bringen – […] die [benötigte] Kraft wäre unglaublich gewesen, [so] dass man nicht einmal annähernd die gewünschte Stärke erreichen konnte. Inzwischen […] häuften sich die Ereignisse und wurden stärker. […] Ich merkte, dass Armin und ich nicht die einzigen waren, die sich in dieser Wohnung aufhielten."

Von nun an dokumentierte Frau E. alle Vorkommnisse mit Datum:

„30.12.06: Aus der Gästetoilette kam ein Geräusch, als ob der Deckel des Katzenklos umgefallen wäre, doch beide Katzen hielten sich in demselben Zimmer auf wie ich, im Arbeitszimmer. Als ich nachsehen wollte und ca. 3 m von der Toilette entfernt war, kamen Kratzgeräusche daraus. Es hörte sich an, als ob jemand mit Krallen am Boden kratzte.

Als ich näher ging und etwa 20 cm von der Tür entfernt war, hörte das Kratzen sofort auf. Ich ging ein paar Schritte zurück und stand mit dem Rücken zu der Schlafzimmertür. Während ich erschrocken überlegte, knallte die Schlafzimmertür direkt hinter mir, dass ich zuerst dachte, dass sie von diesem „Knall" kaputt gegangen wäre, was sie aber nicht war. [...] Der Kater schaute die ganze Zeit durch die Außenglastür, als ob er etwas interessiert beobachtet hätte.

21.07.08: Mein Freund und ich hatten uns gestritten. Es war ca. 3 Uhr nachts. Er ist weggefahren und ich war unglaublich wütend. Obwohl alle Fenster geschlossen waren, knallte die Badezimmertür mit voller Wucht zu."

Bis zum Auszug gingen die Erlebnisse weiter, doch bleibt unklar, ob der unsichtbare Untermieter „Nico" dort sein Unwesen trieb oder die Vorfälle eine andere Ursache hatten.

Die weiße Gestalt

Frau H. erzählte mir eine Kindheitserinnerung, die einem die Nackenhaare aufstellt. „Das Erlebnis ist mir im Alter von 6 Jahren passiert. Wir wohnten in einem großen Haus und ich war im obersten Stock, im Schlafzimmer meiner Mutter. Als ich das Zimmer wieder verließ, machte ich die Tür hinter mir zu, das Klicken war zu hören. Plötzlich zog jemand die Tür hinter mir wieder auf und packte mich. Als ich mich umdrehte, sah ich hinter mir eine milchige, durchsichtige Gestalt im Türrahmen. Da bin ich nur noch schreiend gerannt und ab in mein Zimmer. Keine Ahnung was das war, aber es war gruselig.“

Scotland-only for the brave

Herr P. T. ist ein großer Schottlandfan und bereist das Land jedes Jahr. Im Jahr 2014 brachte seine Reise ein Erlebnis, das er sicher so schnell nicht mehr vergessen wird.

An einer wunderschönen Landstraße zwischen Ballater und Blairgowrie, die einem Flusslauf folgt, liegt ein verlassenes kleines Cottage. Das Häuschen befindet sich etwa 100 m von der Landstraße entfernt und liegt malerisch am Flusslauf. Links neben dem Haus befinden sich noch Mauerreste von Nebengebäuden, vermutlich ehemaligen Stallungen. Das Haus machte auf Herrn T. von außen einen recht guten Eindruck.

Doch die Tür zum Cottage war wohl eingetreten worden. Vielleicht diente es ja dem einen oder anderen als Notunterkunft aufgrund des unbeständigen schottischen Wetters. Beim Eintreten nahm Herr T. zuerst einen unangenehmen Geruch nach Fäulnis und Fäkalien wahr. In den unteren Räumen herrschte ein chaotisches Durcheinander.

Rückansicht des Cottage

Herr T. war überrascht, dass die Treppe in den ersten Stock noch so gut erhalten war. Das Treppenhaus war sogar in relativ modernem

22

Türkis gestrichen worden und stach dadurch besonders hervor, da es eigentlich nicht zum Gesamtbild des Cottage passte. Angekommen im 1. Stock, fand Herr T. zwei ehemalige Schlafzimmer vor. Der Dielenboden war bereits stark vergangen und man konnte sich nur mit äußerster Vorsicht darauf bewegen.

Zustand der verwitterten Dielen im 1. Stock

Im Zimmer auf der rechten Seite von der Treppe war eine Wand in Rosa gestrichen und wirkte ebenfalls etwas fehl am Platze. Es waren weder Mensch noch Tier zu sehen. Die Fenster waren alle zerbrochen und der Wind konnte ungehindert durchs Haus brausen. Als Herr T. durch eines der kaputten Fenster blickte, sah er, wie dicke Regenwolken aufzogen.

Raum rechts neben der Treppe, im 1. Obergeschoss

Er ging die Treppe wieder nach unten, und kaum im Erdgeschoss angekommen, überkam ihn ein mulmiges Gefühl. Im Raum rechts neben der Treppe machte er einige Fotos, als plötzlich der Akku der Kamera leer war. Herr T. wechselt sofort den Akku, doch auch der Ersatzakku war verbraucht. Herr T. war auf seine Fototour gut vorbereitet und hatte noch einen 3. Akku parat, doch zu seinem Erstaunen ging auch dieser nicht, obwohl alle drei voll aufgeladen waren. In diesem Augenblick begann er Schritte im 1. Stock, direkt über ihm, zu hören. Er beschrieb sie als „Deutlich und drohend laut." Doch es konnte niemand im 1. Stock sein, denn dort war er nur wenige Minuten zuvor noch selbst gewesen – vollkommen alleine. Ein starkes beklemmendes Gefühl veranlasste ihn daraufhin, das Haus zu verlassen. Sobald Herr T. das Haus verlassen hatte, funktionierte seine Kamera wieder wie gewohnt. Er machte noch schnell einige Aufnahmen von außen, auch vom Raum, in dem die Akkus versagt hatten, als ein heftiger Regen einsetzte, der ihn zwang, zu seinem Auto zurückzulaufen.

Raum im Erdgeschoss, kurz bevor die Akkus versagten

Fluss im Schottischen Hochland

Geht, solange ihr noch könnt!

Auch Tim von Lindenau hatte ein prägendes Erlebnis in einem verlassenen Haus in den schottischen Highlands[3], das ihn davon überzeugte, der ehemalige Bewohner sei noch nicht endgültig ins Jenseits gezogen.

Er machte vor einigen Jahren mit seinem guten Freund Nicolaj, genannt Nick, eine Rucksacktour durch die wunderschönen, wenn auch wilden und unberechenbaren, Highlands im Norden Schottlands. „Der Weg in den Norden führte uns durch Regenschauer, kalte Nächte, vorbei an schaurigen Friedhöfen [...]." Es war eine Wanderung, die genügend Spielraum für Abenteuer bot. Auch das kapriziöse Wetter setzte den beiden jungen Abenteurern mächtig zu. Mitten in der schottischen Wildnis überraschte sie ein heftiger Sturm, doch weit und breit war keine schützende Unterkunft in Sicht. Sie waren weit entfernt von jeglicher Zivilisation und der Sturm war zu heftig, um Schutz in ihrem Zelt zu suchen. Sie mussten also weiter wandern und dem Unwetter die Stirn bieten. „Wahrscheinlich liefen wir keine halbe Stunde, bis der ungestüme Wind sich in einen mittleren Sturm verwandelte, der Regen flutartig wurde und die tiefschwarze Wolkenfront, auf die wir zuhielten, sich in ein Gewitter verwandelte, wie wir es danach nie wieder erleben sollten. Blitze schlugen um uns herum im feuchten Moos ein und hinterließen tiefe schwarze Mulden."

Sie suchten zunächst für einige Stunden Zuflucht in einer Mulde, doch durch die Kälte und das ständig steigende Wasser, sahen sie sich dazu gezwungen, dem Sturm erneut entgegenzutreten. Sie wanderten also weiter, durchquerten eine steile Schlucht und nach einigen weiteren Stunden Fußmarsch sahen sie ihre Rettung vor sich: in der

---

[3] Die Geschichte hat Herr von Lindenau auch auf seinem Blog aufgeschrieben: Von Lindenau, Tim, Gewitter und Spuk im schottischen Hochland, veröffentlicht: 23.5.2011. http://graphitgrau.blogspot.de/2011/05/gewitter-und-spuk-im-schottischen.html (letzter Zugriff am 1.5.2014, 14.30 Uhr)

Ferne stand ein Haus, das sie sofort an die dringend benötigte Wärme und Nahrung denken ließ. Doch es war nicht einfach, zu diesem abgelegenen Haus zu gelangen. Sie mussten zuerst waghalsig einen Fluss überqueren und noch ein gutes Stück Weg zurücklegen. Mittlerweile hatten sie komplett das Zeitgefühl verloren. Alles um sie herum war düster. Tim erzählt: „Erschöpft ließen wir unser Gepäck fallen und standen vor dem verlassenen Haus, als wäre dieses gerade einer schottischen Fata Morgana entsprungen. Es lag in der sanften Biegung eines Tals, an einem dem Wetter entsprechend reißenden Bach von drei Metern Breite. Zwanzig Meter neben dem Haus stand das, was von einem hölzernen Schuppen übrig geblieben war." Das Cottage wirkte altertümlich, ganz aus Stein gebaut. Offenbar war es schon vor langer Zeit verlassen worden. „Das Haus hatte vier Räume. Zwei im Erdgeschoss, getrennt von einem Flur samt Treppenhaus, zwei im oberen Stockwerk, das wir uns zunächst nicht besahen, da die Treppe nicht mehr begehbar war. Der rechte Raum musste einmal die Küche gewesen sein, denn in ihm stand eine sehr alte und verrostete Küchenhexe. Wie im ganzen Haus war es äußerst dreckig und verkommen. Der linke Raum war größtenteils leer und bot dem Besucher einen offenen Kamin. Nicolaj und ich standen mit offenen Mündern inmitten des Raumes und lasen mit Schrecken an der Wand über der Feuerstelle: *Geht, solange ihr noch könnt!*"

Dieser nicht gerade anheimelnde Willkommensgruß schreckte die beiden jedoch nicht ab. Zuerst stärkten sie sich, danach fanden sie im Schuppen etwas Feuerholz und entzündeten im Haus den alten Kamin. So konnten sie sich endlich aufwärmen und ihre durchnässten Kleider trocknen. Sie waren nun ganze 18 Stunden unterwegs. Noch immer tobte der Sturm ums Haus. „Heulend pfiff es aus irgendwelchen Winkeln und das Haus ächzte unter dem Druck der starken Böen. Die Müdigkeit war längst überfällig geworden und mit einer brennenden Kerze im Raum, die von Mal zu Mal vom Wind erlosch, und der Gewissheit, dass das Feuer bald ausginge, legten wir uns in die Schlafsäcke und plauderten noch eine Weile." Doch bevor sie noch die wohlverdiente Nachtruhe finden konnten, ereignete sich etwas, das sicher jedem den Schlaf rauben würde, besonders in dieser Umgebung. „Das Gespräch war vor Müdigkeit auf ein Minimum reduziert, meine Augen fielen schon fast zu, als Nicolaj im oberen Stockwerk Schritte hörte. Schon saß er aufrecht da, mit konzentriertem Blick, da hörte ich es auch! - Sofort war alle Müdigkeit verflogen und ich bemühte mich den Atem stillzuhalten, um die Schritte besser vernehmen zu können. Gebannt starrten wir ins Dunkel des Treppenhauses.

Irgendjemand schien da im oberen Stockwerk unruhig umherzulaufen. Ganz deutlich waren es Geräusche, die ein Schuh mit einer harten Ledersohle auf einem mit feinem Schutt verdreckten Dielenboden machte. Langsam trat er auf, rollte den Fuß ab und ... Tap - nächster Schritt." Die beiden Freunde waren von den Geräuschen zutiefst erschrocken. Sie wussten, es konnte kein Mensch ungesehen an ihnen vorbei ins Haus gelangt sein. Tim zeigte sich mutig und wollte, trotz heftigster Proteste seitens seines Freundes, der Sache auf den Grund gehen. Da Nick nicht unten alleine zurückbleiben wollte, musste er sich wohl oder übel anschließen. Nur mit einer Kerze als einzige Lichtquelle, machten sie sich auf den Weg in den 1. Stock. Das erwies sich als schwierige Aktion, da die alte Holztreppe stark beschädigt und die alten Stufen allesamt zerbrochen waren. Doch Tim schaffte es, sich an der Seite der Treppe nach oben zu hangeln. „Das war nicht leicht und bei dem unvermeidlichen Krach beunruhigte mich, dass ich nun die Schritte nicht mehr hören konnte [...]" Als Tim weit genug nach oben geklettert war, konnte er in einen weiten Flur sehen, der links und rechts in Räume mündete. Die beiden Freunde betraten vorsichtig nacheinander den alten Boden des 1. Stocks, lauschten nach Geräuschen und spähten in die Dunkelheit. Zuerst betraten sie den rechten Raum, der vollkommen leer war. „Keine Möbel, kein Gespenst, nur Schutt und Dreck, der vom Wind aus der Decke gedrückt wurde."

Auch im linken Zimmer war absolut nichts zu sehen. Sie spürten nur eine traurige verlassene Atmosphäre. Die beiden Freunde fühlten sich beobachtet, doch die Schritte waren nun nicht mehr zu hören. Mit einer Mischung aus Enttäuschung und Erleichterung kletterten sie wieder nach unten und legten sich zum Schlafen nieder. „Erst als wir uns wieder zur Ruhe legten, hörten wir wieder die ledernen Sohlen knirschend über die alten Dielen laufen ..."

Am nächsten Tag machte sich Tim daran, das Haus zum Strahlen zu bringen. Er fegte den Schmutz weg und brachte den Müll und Schutt in den Schuppen. Auch die alte Asche entfernte er aus dem Ofen. „Als wir später weiterzogen, erstrahlte das Spukhaus in neuem Glanz - und ganz im Stillen hoffte ich, während wir weiter durch die Highlands zogen, dass der Geist, der des Nachts ruhelos umherläuft, um sein Haus vor unreinlichen Besuchern zu bewahren, erkannte, dass es auch dankbare Gäste gibt."

Die geisterhafte Frau

Bei Sylvia war es vor allem ihr kleiner Sohn, der die Aufmerksamkeit des geisterhaften Vormieters auf sich gezogen hatte.

„Es hat vor knapp vier Jahren angefangen, damals wohnten wir noch in einer Mietwohnung. Die war sehr schön, aber immer wieder unheimlich." Wenn ihr Mann Spätschicht hatte, ließ sie sogar in der ganzen Wohnung das Licht brennen. Als ihr kleiner Sohn erst ein paar Wochen alt war, begannen die Vorfälle. Sylvia legte ihn abends ohne Schnuller in sein Bettchen, damit er sich nicht ans Einschlafen mit Schnuller gewöhnen würde. Dieser lag in einer weit entfernten Ecke des Bettchens. Der Säugling konnte sich zu diesem Zeitpunkt noch nicht alleine drehen und war noch nicht in der Lage, alleine an den weit entfernten Schnuller zu kommen.

Als Sylvia einige Zeit später noch einmal nach dem Baby sah, hatte er den Beruhigungssauger im Mund – niemand hatte ihn ihm gegeben. Doch das war keineswegs das einzige seltsame Erlebnis. „Als mein Kind ein wenig über 1 Jahr war, saß er in der Badewanne und ich davor, mein Mann war außer Haus. Wir hörten beide, wie sein Haustürschlüssel auf das Glasregal im Gang gelegt wurde, mein Kind sagte noch, „Papa da" und als ich nach ihm rief, bekam ich keine Antwort, also öffnete ich die Tür, aber da war niemand."

Ungefähr eine Woche später befanden sich Mutter und Kind im Babyzimmer. Sylvia wickelte ihren Sohn. Da bemerkte sie, wie ihr Kind lächelnd von einer Ecke des Zimmers langsam zur anderen schaute, so als ob er etwas mit den Augen verfolgen würde, dabei sagte er „Frau". Sylvia erklärte ihm geduldig, dass da keine Frau zu sehen sei. Doch der Kleine wiederholte beharrlich wieder das Wort „Frau".

Einige weitere Wochen vergingen bis zum nächsten Vorfall. Mutter und Sohn saßen gemeinsam auf dem Sofa. Der Kleine gab seiner Mama einen Kuss, schaute dann an seiner Mutter vorbei, lächelte und gab einen Kuss in die Luft. Dann sagte er wieder „Frau".

Dies war der letzte uns bekannte Vorfall in dieser Wohnung, da die Familie dann ausgezogen ist – angeblich aber nicht aufgrund der geisterhaften „Frau".

Der kleine Hausgeist

Eine weitere Dame, die hier lieber anonym bleiben möchte, und die in dieser Geschichte von mir als Frau W. bezeichnet wird, hatte (und hat immer wieder) recht ähnliche Erlebnisse wie Sylvia. Sie schreibt: „Wir sind ja der festen Überzeugung, dass wir hier einen "Hausgeist" haben." Alles begann für sie mit dem Umzug in ein neues Haus. Das Haus ist geräumig, ein wenig verwinkelt, aber insgesamt hat es eine warme und freundliche Atmosphäre, in der man sich wohl fühlt. Frau W. hat zwei Kinder, einen Sohn und eine Tochter. Zum Zeitpunkt des Umzugs war die Jüngste etwa 6 Monate alt. Eines Tages saß Frau W. mit dem Mädchen auf der Couch und sie spielten miteinander, als die kleine Hanna plötzlich hochsah, den Kopf nach rechts ins Esszimmer wandte, so als hätte sie jemand gerufen. Sie fing an zu winken, zu lachen und vergnügt zu glucksen. Frau W. dachte sich damals noch nicht viel, da Kinder ja im Spiel so manche seltsame Sache machen. Doch es passierte von da an immer öfter, z.B. wenn beide die Treppe zum 1. Stock herunterkamen oder manchmal auch in ihrem Kinderbettchen. Langsam wurde es Frau W. doch unheimlich. Sie meinte aber „es muss was schönes sein, sie hat ja keine Angst davor." Einige Monate vergingen auf diese Art und Weise. Sie bekamen bald Besuch von einer Bekannten, die ebenfalls eine kleine Tochter hatte. Diese war bereits 3 Jahre alt und, wie das Kinder nun einmal so machen, nahm der kleinen Hanna immer das Spielzeug weg. Die kleine Besucherin weigerte sich aber beharrlich, in die Wohnsitzecke zu gehen, in der die kleine Hanna das erste Mal ins Nichts gewunken hatte. Sie meinte, sie hätte dort Angst. Nicht lange nach diesem Besuch, erhielt Frau W. einen Anruf von ihrer Bekannten. Sie war vollkommen aufgelöst und meinte, ihre Tochter wolle auf keinen Fall je wieder zu Besuch kommen, denn „da gäbe es Geister, die ihr Grimassen schneiden.". Frau W. wunderte sich zwar darüber, tat das Ganze aber als Fantasie eines Kindes ab.

Anfang des Jahres 2014 ereigneten sich dann weitere Dinge. Nachts begannen ständig Gegenstände im Elternschlafzimmer und im Kinderzimmer zu Boden zu fallen. Frau W. war davon richtig genervt, da sie immer wieder nachts verschreckt aufstehen musste, um nachzusehen. Anfangs brachte sie diese Vorfälle nicht mit den anderen Erlebnissen in Verbindung, doch langsam kam ihr der Gedanke, sie könnten vielleicht einen Hausgeist haben. Noch immer winkte ihre kleine Tochter fröhlich ins Nichts, ohne eine Spur von Angst zu zeigen. Frau W. meinte, der Hausgeist sei durch irgendetwas verärgert, da er nachts neuerdings diesen Krach verursache. Da fiel ihr ein, dass ihr kleiner Sohn seit kurzer Zeit wieder in seinem eigenen Bett im Kinderzimmer schlief und die Vorfälle um diese Zeit begannen. Daraufhin machte sich Frau W. im Internet schlau, wo sie von dem Rat las, einfach laut zu sagen, dass genug Platz im Haus sei und wer immer bei ihnen wäre, doch herzlich willkommen sei, sich neben einen von ihnen zu legen, ihnen aber keine Angst mehr machen solle. Das setzte sie dann, mit gemischten Gefühlen, in die Tat um. Und tatsächlich hörte das nächtliche Poltern danach auf. Frau W. ist der Überzeugung, dass evtl. die Geschichte eines kleinen Jungen mit den Vorfällen zu tun haben könnte, der vor einiger Zeit im Haus verstorben ist. „Die Vorbesitzer des Hauses hatten drei Kinder, der kleine Junge ist von den Malerdosen und Farben (Unser Wohnzimmer war mal ein Farbengeschäft.) erschlagen worden, weil er ein Regal hochklettern wollte, er war damals, soweit ich weiß, vier Jahre alt. Und er hieß Markus, mehr entzieht sich meiner Kenntnis. So richtig wollte auch keiner von den zwei Geschwistern, die uns das Haus verkauft hatten, darüber reden."

Ganz hatten die Vorfälle jedoch nicht aufgehört, denn die kleine Hanna winkte noch immer ab und zu fröhlich ins Nichts, lächelte und plapperte mittlerweile auch, sagte „heiiiii" (was soviel wie hallo bedeuten soll) zu ihrem unsichtbaren Freund und spielte mit ihm. Außer der kleinen Hanna und dem Besucherkind, hat bislang niemand den Hausgeist zu Gesicht bekommen. Frau W. schreibt aber, sie habe manchmal das Gefühl, es fasse sie jemand an, „das ist wie ein Schauer, aber ganz anders als Gänsehaut.". Sie berichtet im Juli 2014:

„Hanna winkt nun immer seltener, aber ab und zu, wenn sie in ihrem Bettchen liegt, macht sie es noch." Letztens ereigneten sich auch wieder seltsame Vorfälle. Frau W. hatte ihre beiden Kinder längst zu Bett gebracht, als sie plötzlich Geräusche hörte. Sie dachte, ihr kleiner Sohn Ben käme noch mal nach unten, weil er noch etwas brauchte. Sie erzählt: „Ich war allein, Olli [der Ehemann] war arbeiten. So gegen 10 Uhr abends war ich gerade im Bad, da hörte ich plötzlich jemanden auf dem alten Holzboden laufen. Ich rief nach Ben, bekam aber keine Antwort. Nun ja, dachte ich mir, er will mich sicher erschrecken. Keine 10 Sekunden später bin ich raus und wollte den Spieß umdrehen, doch da war kein Ben, kein Licht im Treppenhaus, gar nix. Also bin ich hoch zu ihm und er schlief schon tief und fest. Ich könnte schwören, dass jemand dort gelaufen ist. Dann war mir kurz unheimlich. Das Gefühl war aber sofort wieder weg. Naja... das passiert mir öfter." Ein weiterer Vorfall ereignete sich im Spätsommer 2014. Der kleine Ben hat sich mit dem Hausgeist unterhalten. Frau W. war von dem Vorfall recht beeindruckt: „Der alte Türrahmen zum Bücherzimmer knackt manchmal ganz laut. Wir waren neulich gerade am Essen, als Ben meinte: "na Hausgeist, bist du hier? Dann knack doch nochmal". Es knackte wirklich noch mal. "Mama, Mama, er redet mit mir. Bist du wirklich da?" Es knackte schon wieder. Meinem Mann wurde schon ganz anders und er sagte "Gut, ich glaube nicht dass du da bist, knack doch nochmal". Und es knackte nochmal. Ich habe die "Unterhaltung" dann beendet. Hanna hat während dieser Zeit nur auf die Tür geschaut und gelacht, sie hat sich richtig amüsiert." Das letzte Ereignis, das mir von Frau W. berichtet wurde, trug sich im November 2014 zu: "Bei uns stehen zwei weiße Lebensmitteleimer auf dem Küchenschrank. Sie standen bis jetzt immer fest, nicht auf Kipp. Am Samstag, den 8.11.14, sprachen wir von unserem Hausgeist, von dem wir lange nichts mehr gehört hatten, als die Eimer plötzlich von alleine runterfielen. Erst dachten wir daran, dass sich der Dübel des Küchenschrankes vielleicht gelockert haben könnte - aber nichts dergleichen war festzustellen."

Von solch unheimlichen Episoden abgesehen, lebt also der Hausgeist friedlich weiter bei der Familie, die sich mittlerweile gut damit arrangiert hat.

Die kleine Hanna im Wohnzimmer der Familie W.

Michael

Auch Frau B. hatte vor vielen Jahren eine Begegnung mit einem Hausgeist – ebenfalls ein kleiner Junge. Sie erzählt, sie sei vor etwa 20 Jahren mit Mann und Kindern in das Haus gezogen, das sie auch heute noch bewohnt. Sie hatte es von der Cousine ihres Vaters gekauft.

Eines Nachmittags war sie allein zu Hause und ging in den Speicher. Dort oben sah sie plötzlich den Geist eines kleinen Jungen stehen, etwa 4-5 Jahre alt.

„Ich weiß noch ganz genau, welche Kleidung er trug: eine kurze Lederhose, ein weiß rot kariertes Hemd und vorne geschlossene Sandalen, wie sie in meiner Kindheit Mode waren. Sein Haar war seitlich gescheitelt und mit einem Klämmerchen, festgesteckt. Er war ein sehr hübsches Kind, er lächelte mich lieb an."

Frau B. meinte, der Junge sei ihr auf Anhieb bekannt vorgekommen. Sie fragte ihn nach seinem Namen und er antwortete, er heiße Michael.

Kurze Zeit nach dieser Begegnung wurde ihre Schwester am Ohr operiert und es kam zu Komplikationen. Für kurze Zeit war sie klinisch tot. „In dieser Zeit ist meine Großmutter mit Michael an der Hand, meiner Schwester begegnet. Sie haben meine Schwester ins Leben zurück geschickt." Die Großmutter, die, da jung gestorben, beide Schwestern nie persönlich kennen gelernt hatten, wurde von ihnen als Beschützerin angesehen. Schon als Kinder fühlten sie sich zu einem Foto der Mutter ihres Vaters hingezogen.

Vielleicht war auch Michael ein ehemaliges Familienmitglied, das auf die Schwestern aufpasst?

Zigeunerspuk

Für diese Geschichte muss man historisch ein wenig ausholen und in die turbulente Geschichte des Ortes und seine Legenden eintauchen. Frau H. weiß von einer besonders grausamen Episode in der Geschichte ihres Städtchens zu berichten. Vor den Toren der Stadt lagerten einst Zigeuner. Da diese in der damaligen Zeit leider unerwünscht und verhasst waren, wurden sie eines Nachts blutig niedergemetzelt. Die Leichen verscharrte man an einem Ort, der später als „Zigeunermühle" bezeichnet wurde.

Ein junges Mädchen aus der Stadt, die sich in einen Zigeunerjungen verliebt hatte, war zutiefst getroffen vom Tod ihres Liebsten. Ihre Tränen nahmen kein Ende und zu Tode betrübt suchte sie erfolglos tagelang nach dem Leichnam des Geliebten, bis sie während ihrer Suche an gebrochenem Herzen starb. Man erzählt sich, dass in Vollmondnächten noch das herzergreifende Schluchzen des Mädchens zu hören ist, das noch immer nach ihrem Liebsten sucht, und auch Zigeunerweisen erklingen an jenem Ort, an dem so viele Unschuldige respektlos verscharrt wurden. In heutiger Zeit steht an der Stelle der „Zigeunermühle" ein kleines Häuschen, Gerüchten zufolge ein ehemaliger Schulungsraum aus der NS-Zeit, das später vom örtlichen Bauchtanzclub für Treffen, Übungen und Feste genutzt wurde. Frau H. berichtet, dass die Stimmung dort immer ausgesprochen gut war, man merkte positive Schwingungen, vielleicht die Ausgelassenheit der Zigeuner, und die Damen tanzten entsprechend auch öfter wild zu Zigeunermusik. Frau H. erzählte, dass sie das Gefühl hatte, die Zigeuner hätten sich darüber gefreut und ihnen oft durch die Fenster beim Tanzen zugesehen.

Eines Abends saßen, nach ausgelassenen Tänzen, etwa 10 Frauen noch in gemütlicher Runde beisammen und unterhielten sich. Da es schon ein wenig kühl war, lief in einer Ecke ein Heizlüfter. Dort waren auch Tische und Stühle aufgestapelt. Aus dieser Ecke heraus wurde es plötzlich sehr kalt, obwohl der Heizlüfter noch immer normal funktionierte. Es wurde derartig kalt, dass die Frauen instinktiv immer weiter von der Ecke wegrutschten. Bei den wenigen in der Ecke verbliebenen Frauen sah man plötzlich die Atemluft in kleinen weißen Wölkchen. Frau H. und Frau D., die ebenfalls an jenem Abend anwesend war, schwören beide, dass dort weder Fenster noch Türen oder sonstige Öffnungen gewesen sind, die eine derartig plötzliche und starke Kälte hätten erklären können. Die Damen, die auf der gegenüberliegenden Seite saßen, bemerkten keine Temperaturunterschiede. Nach einer Weile wurde es den Frauen allmählich bewusst und sie kommentierten der Reihe nach diesen merkwürdigen, räumlich stark begrenzten, Temperaturabfall in nur einer Zimmerecke. Die Frauen in der kalten Ecke fühlten sich zunehmend unwohl, nicht nur aufgrund der Kälte. Es machte sich Panik in der Runde breit und die Bauchtanzgruppe floh kurze Zeit später aus dem Gebäude.

Einen weiteren Vorfall erlebten ebenfalls sowohl Frau H. als auch Frau D. An jenem Abend funktionierte der Lichtschalter nicht, als sie dort ankamen. Offenbar kein ungewöhnlicher Zustand, da es bereits öfter vorgekommen war. Als sich die Damen alle versammelt hatten, schwang plötzlich die Tür mit Gewalt auf und mehrere Frauen sagten, es sei gerade ein Mann mit Hut und Anzug herein gekommen. Alle drehten sich nun in die Richtung der Tür, doch es war niemand zu sehen. Auch als drei Frauen aufsprangen und vor der Tür nachsahen, war kein Mensch weit und breit zu sehen.

Nach mehreren derartigen Vorfällen, bat Frau H. einige Bekannte darum, den Ort energetisch zu reinigen. Doch, ihren Aussagen nach, hatten diese es wohl mit der Reinigung etwas übertrieben, was Frau H. als „domestosrein" beschrieb. Der Ort war danach vollkommen „tot", auch all die positive Energie, die ihre Tänze inspiriert hatte, war danach verschwunden. Frau H. schimpfte: „Sie haben nicht nur die Geister ins Licht geschickt, die nicht dorthin gehörten, sondern auch alle Naturgeister vollkommen beseitigt. Das Haus war dann absolut steril. Seit diesem Zeitpunkt sind nicht mehr so viele Leute [zu den Treffen] gekommen und wir haben uns gar nicht mehr so wohl gefühlt."

Auch Herr Z. hatte an der „Zigeunermühle" ein Erlebnis. Als er das erste Mal im Wald vor dem kleinen Häuschen spazieren ging, fühlte er plötzlich die Anwesenheit vieler Personen um ihn herum, die er mit den verstorbenen Zigeunern in Verbindung brachte.

Mittlerweile ist das Grundstück der „Zigeunermühle" jedoch verkauft und es finden keine Tanzfeste mehr dort statt. Sollten sich also noch Zigeunergeister oder mysteriöse Herren mit Hut dort aufhalten, so bleiben sie ungestört.

Doch vielleicht hat Aktion „Geister-Rohrfrei" ja tatsächlich alles dauerhaft beseitigt?

Schlechtes Karma

Herr H. schickte mir eine weitere Geschichte, die von einem scheinbar mit ihm verwandten Hausgeist handelt.

Das Erlebte trug sich Mitte der 1990er Jahre in Süddeutschland zu.

Die Großmutter von Herrn H. war schwer erkrankt und verstarb.

Das alte Haus, in dem sie seit ihrer Kinderzeit gelebt hatte, wurde an die Mutter von Herrn H. vererbt. Diese sanierte das Haus von Grund auf. Als Herr H. sein Studium aufnahm, bezog er das damals noch unfertige Haus, das vollkommen leer stand und zum Zeitpunkt seines Einzugs nicht einmal Tapeten an den Wänden hatte.

Als seine damalige Freundin für ein paar Tage zu ihm zu Besuch kam, ereignete sich eine bemerkenswerte Geschichte.

Eines Morgens kam die junge Dame völlig aufgelöst zum Frühstück und erzählte, sie sei mitten in der Nacht aufgewacht, da sie sich beobachtet gefühlt habe. Sie erzählte von einer Gestalt, die sie im Dämmerlicht bei ihrem Bett stehen sah. Sie konnte die Gestalt exakt beschreiben. Es war ein Mann mit einem prominenten "Kaiser-Wilhelm"-Schnauzbart. Da sie zu diesem Zeitpunkt von Panik erfasst wurde, konnte sie weder weglaufen noch nach Hilfe rufen. Nach einer Weile sei die Erscheinung sodann verschwunden und sie konnte wieder einschlafen. Die junge Frau war fest davon überzeugt, dass sie das Erlebnis im wachen Zustand hatte und sie war auch längere Zeit nach dem Erlebten noch vollkommen erschüttert. Herr H. jedoch fühlte sich durch die Beschreibung der Gestalt an etwas erinnert und er holte eine alte Kiste mit Familienfotos vom Dachboden. In der Kiste befand sich u.a. eine Porträtaufnahme seines Urgroßvaters, der das Haus einst gebaut hatte.

Als die Freundin von Herrn H. das Foto erblickte, erkannte sie darin sofort die Gestalt, die neben ihrem Bett aufgetaucht war. Herr H. konnte ausschließen, dass sie jemals zuvor dieses Foto gesehen hatte, da die Kiste seit dem Tod der Großmutter aufgrund der Haussanierung verschlossen auf dem Dachboden stand.

Auch heimlich konnte sie dort oben nicht gewesen sein, da man nur durch eine hohe Falltüre dahin gelangen konnte, die sie aufgrund ihrer Körpergröße unmöglich hätte erreichen können.

Herr H. erklärte: „Sie war stets ein sehr rationaler Mensch ohne "esoterische Neigungen". Auch habe ich über bestimmte Schlafzustände gelesen, die solche Wahrnehmungen begünstigen. Allerdings erklärt das immer noch nicht die eindeutige Identifikation."

Innerhalb der Familie von Herrn H. schien man sich auch des Öfteren Geschichten über das Haus zu erzählen, nach denen zu urteilen es, wie Herr H. es beschreibt „nicht das beste Karma hat".

Um 19 Uhr

Frau Regina Heinze war von den Erlebnissen mit ihrem unsichtbaren Mitbewohner derartig geschockt, dass sie sogar kurz davor war, sich von dem Haus zu trennen. „Vor 8 Jahren habe ich etwas erlebt dass mich bis heute noch sehr berührt." Frau Heinze, ihr Mann und die Kinder mieteten damals ein Einfamilienhaus mit einer Einliegerwohnung im Keller. „Da ich eine gelernte Malerin bin, übernahm ich die Streicharbeiten. Unsere Kinder waren damals noch sehr klein, also hab ich abends gestrichen, wenn mein Mann von der Arbeit zurück war. Mit der Einliegerwohnung im Keller hab ich begonnen. Es war noch Winterzeit, finster, ich strich ein Zimmer im Keller, als ich Schritte hörte: die Kellertreppe runter, den Gang entlang und zu mir ins Zimmer. Ich drehte mich noch um und dachte jetzt spinn ich, hab mir jetzt alles eingebildet. Ich arbeitete also weiter. Am nächsten Tag abends war das zweite Zimmer dran. Wieder hörte ich Schritte die Kellertreppe runter kommen, den Gang entlang und zu mir ins Zimmer. Jetzt wurde mir schon etwas mulmig. Ich hab es dann meinem Mann erzählt - am nächsten Tag kam er mit. Aber es war alles ruhig, ich konnte in aller Ruhe weiter arbeiten. Dann kam das dritte Zimmer, wieder hörte ich Schritte die Treppe runter, den Gang entlang gehen und zu mir ins Zimmer. Diesmal schaute ich auf die Uhr - es war 19 Uhr. Ich hab alles stehen und liegen gelassen und bin nach Hause. Den restlichen Keller hab ich dann tagsüber am Wochenende fertig gestrichen. Dann war die Hauptwohnung dran - in drei Wochen war Umzugstermin. Ich ging abends wieder zum Haus und fing mit den Kinderzimmern an. Plötzlich hörte ich die Dachbodentür auf- und zugehen, Schritte die Treppe runter, den Gang entlang und zu mir ins Zimmer kommen. In mir schnürte sich alles zu, ich bekam keine Luft mehr und hatte solche Angst. Ich spürte, da war jemand direkt hinter mir, nur konnte ich niemand sehen. Ich schaute auf die Uhr, es war kurz nach 19 Uhr.

Wieder bin ich auf und davon und nach Hause. Wieder hab ich es meinem Mann erzählt und daraufhin haben wir ganz unverbindlich bei den Nachbarn nachgefragt, wer da mal in dem Haus gewohnt hätte. Wir erfuhren, dass vor über dreißig Jahren eine Familie in dem Haus gewohnt hatte. Sie saßen noch im Garten beim Grillen zusammen - und so gegen 19 Uhr steht der Mann auf, geht in den Dachboden und erhängt sich. Mein Mann sagte, der will dir bestimmt nichts böses, wenn er wieder kommt, soll ich versuchen mit ihm zu reden.

Dann war das zweite Kinderzimmer zum Streichen dran. Wieder ging die Dachbodentür auf und zu, Schritte die Treppe runter, den Gang entlang und zu mir ins Zimmer - es war 19 Uhr. In mir schnürte sich alles zu, ich spürte ihn direkt hinter mir, so intensiv. Ich rief per Handy meinen Mann an und schrie „er ist wieder da und im Zimmer". Zeitgleich hab ich den "Geist" angeschrien, er solle endlich verschwinden und mich in Ruhe lassen. Mein Mann war sofort da, aber von dem "Geist" war nichts mehr zu spüren oder zu hören. Nach einiger Zeit hab ich meinen Mann wieder zu den Kindern heimgeschickt - ich dachte jetzt sei Ruhe. Ein paar Minuten später hörte ich, wie jemand die Haustüre aufsperrt und reingeht. Ich dachte noch, mein Mann hätte etwas vergessen, aber es war keiner da! Ich hab alles stehen und liegen gelassen und bin nach Hause gerannt. Ich hab zu meinem Mann gesagt, „ich ziehe in dieses Haus nicht ein!" Meine Schwiegermutter hatte Kontakt zu einem Medium aufgenommen, das Häuser ausräuchert, und diese Frau versprach, uns zu helfen. Wir verabredeten uns mit ihr. […] So gegen 19 Uhr stiegen wir mit dem Medium auf den Dachboden. Sie konnte uns die Stelle zeigen, an der sich der Mann vor über dreißig Jahren erhängt hatte. Darunter bereitete sie die Sachen [Engel, Kerzen, Weihwasser etc.] aus, und begann dann mit dem Ritual. Ich hab am ganzen Körper gezittert. Wir mussten beten und mit Weihwasser und Weihrauch die Stelle abgehen und ihn bitten, er solle ins Licht gehen. Und wie auf Knopfdruck war da ganz hinten im Speicher plötzlich ein so grelles Licht - und [...] wir konnten ihn sehen, ich sah ihn schemenhaft ins Licht gehen, und er war nicht alleine, er wurde von so vielen Leuten abgeholt. Und plötzlich war das Licht wieder weg, einfach so.

Die Gegenstände des Rituals

Diese Frau sagte zu mir, der Mann hätte bei mir Hilfe gesucht ins Licht zu kommen, ich sei so eine Art Medium, er stecke seit über dreißig Jahren hier fest. Wir sind dann ganz normal in das Haus eingezogen und es ist nie wieder was passiert. Die Sachen von dem Ritual stehen heute noch auf dem Dachboden und nach 19 Uhr gehe ich nicht mehr auf den Speicher."

An diesem Balken soll sich der ehemalige Bewohner erhängt haben.

Doch die Geschichte ist noch nicht zu Ende. Im August 2014 erhielt ich erneut Nachricht von Frau Heinze. Sie war vollkommen verängstigt und meinte „Jetzt ist wieder jemand da."

Vor zwei Jahren hat die Familie erneut Nachwuchs bekommen, weswegen die älteste Tochter in das große Kellerzimmer vor der Einliegerwohnung gezogen ist, um so oben ein Zimmer für das jüngste Familienmitglied zu schaffen. Frau Heinze schreibt: „Es ist das Zimmer, in dem damals alles begann. Die Kinder wissen aber nichts davon. Seit einigen Wochen erzählt meine 12-jährige Tochter immer wieder, es sei jemand im Zimmer und beobachte sie. Ich hab mir zunächst gedacht, es sei nur Einbildung. Sie meinte aber, einmal sei ihre Zimmertür aufgesprungen, obwohl sie fest verschlossen gewesen war. Auch da dachte ich mir noch nichts dabei. Gestern Abend sind wir noch lange draußen gesessen, plötzlich brach meine Große in Tränen aus und sagte, sie habe solche Angst in ihrem

Zimmer und könne nicht mehr dort schlafen. Sie meinte, es sei nicht jeden Tag, nur so jeden 2.oder 3. Tag - da höre sie Schritte und jemand wäre in ihrem Zimmer und beobachte sie. Einmal habe sie beim Türstock einen schwarzen Umriss von einer Person gesehen. Seit ca. vier Wochen ist mir schon aufgefallen, dass das Kind immer müde ist und am Wochenende bis mittags schläft. Sie erzählte mir, dass sie vor Angst so lange am Laptop säße, bis ihre Augen von selber zufallen würden. Seit gestern weiß ich jetzt auch, was da unten los ist! Ich hab das Kind gestern Nacht noch in das Zimmer meiner jüngsten Tochter raufgepackt.

Mich würde interessieren, wer oder was das ist und was er will? Den Mann damals, vor acht Jahren, haben wir ja ins Licht geführt. Ich glaub nicht, dass er zurückgekommen ist.

Nach den Schilderungen meiner Tochter kann es eigentlich nur mein Papa sein. Der ist vor acht Jahren an Krebs gestorben und hat die Mädchen immer vergöttert. Ich hab die Geschichte heute meiner Mama erzählt und sie sagte gleich, das ist der Papa. Der steht oft bei ihr am Bett und schaut sie einfach nur an. Ich denke, dass er vielleicht Hilfe braucht." Regina Heinze wollte also herausfinden, wer denn nun tatsächlich im Zimmer ihrer Tochter umgehe. Deshalb hielt sie dort Nachtwache.

„Also, in der ersten Nacht, in der ich meine Tochter raufgeholt hatte, fiel nichts mehr vor. In der zweiten Nacht habe ich mich in das Zimmer gesetzt. Als ich es betreten habe, war jemand da und hat gewartet – es war ganz deutlich zu spüren. Allerdings war er dann auch gleich wieder verschwunden. Gegen elf bin ich dann wieder rauf ins Wohnzimmer gegangen. Meine Tochter sagte mir dann am nächsten Morgen, dass er da war - zuerst im Wohnzimmer und dann im Kinderzimmer bei ihr. Den nächsten Abend bin ich mit einem Diktiergerät wieder hinunter und habe gewartet, doch er kam nicht. Wir haben dann lange überlegt, was er wollen könnte. Mir fiel dann ein, dass ich vor einiger Zeit das Zimmer meiner Großen umgestrichen habe. Dabei hat sie das Kreuz und den Schutzengel weggeräumt, denn sie will sie nicht mehr. Nun habe ich ihr den Schutzengel wieder ins Zimmer gehängt und sie ist wieder nach unten gezogen, in ihr eigenes Zimmer. Einmal hatte sie dann noch Besuch, doch seit zwei Tagen ist niemand mehr da gewesen. Ich denke, es lag tatsächlich am Schutzengel. Bin gespannt, ob er noch mal kommt." Bis jetzt scheint es im Haus der Heinzes friedlich zuzugehen. Wir wollen hoffen, dass die Familie vor weiteren nächtlichen Besuchern verschont wird.

Der schwarze Schatten

Frau C. P. erlebte vor etwa drei Jahren eine Vielzahl verstörender Dinge. Sie schreibt: „Spielsachen begannen Musik zu spielen und von selbst zu laufen. Unsere Computer schalteten sich nachts ein. Fast jede Nacht wachte mein zweijähriger Sohn schreiend in seinem Bett auf und war zu verängstigt, um sich zu bewegen. Er saß dann da und zeigte an verschiedene Stellen des Zimmers, so als ob er etwas mit den Augen verfolgen würde. Wenn ich ihn fragte, ob da jemand sei, schrie er laut „ja" und zeigte auf die Stelle. Manchmal sagte er mir, es tue ihm weh." Einige Male glaubte Frau C. P. einen lauten Knall zu hören, bevor der Kleine anfing zu schreien. Sie schreibt, ihr Sohn verhalte sich dagegen komplett anders, wenn er schlecht geträumt habe. Dann würde er aus dem Bett steigen und zu ihr kommen. Auch seine Schreie und sein Weinen hörten sich dann anders an.

Sie meinte: „Als ich einmal in sein Zimmer kam, sah ich einen schwarzen Schatten, der im Zimmer um mich herum schwebte. Ich weiß, dass er [der kleine Sohn] das auch gesehen hat, da er mit den Augen folgte." Sie beschreibt die Gestalt als transparent, aber schwarz und sich schnell bewegend. Sie sah sie etwa 10-20 Sekunden lang. Merkwürdig ist, dass die einjährige Tochter, die ebenfalls im Zimmer schlief, niemals Probleme hatte. Frau C. P. berichtet aber, dass viele ihrer Nachbarn im selben Haus ähnliche Erlebnisse hatten und dass es einen Kellerraum gibt, aus dem öfter ein bedrohliches Knurren zu hören wäre. Das Haus hat mittlerweile den Ruf, ein Spukhaus zu sein. Frau C. P. erzählte, es sei in den 1940er Jahren ein Trainingslager der Nationalsozialisten gewesen und sie führt die seltsamen Ereignisse darauf zurück.

Die Gestalt mit den spitzen Klauen

Ab Mai 2011 und verstärkt ab September 2013 hatte Herr C. eine Reihe von unheimlichen Erlebnissen, von denen auch teilweise seine Freundin betroffen war. Den Höhepunkt erreichte es in den frühen Morgenstunden im September 2013, etwa gegen 2.30 Uhr. Herr C. hatte zu diesem Zeitpunkt ein dringendes Bedürfnis und machte sich auf den Weg zur Toilette. Er öffnete auf dem Weg dahin eine Tür und sah sich plötzlich in der Türöffnung zum Wohnzimmer einer schwarzen Erscheinung gegenüber. Diese Erscheinung beschreibt er als extrem schwarz und leicht transparent, sehr muskulös und etwa 2 m groß, breite Schultern und Oberarme, in spitzen Klauen endende Arme, der Unterkörper wurde transparenter, je weiter man Richtung Füße nach unten sah. Diese Gestalt blieb für etwa 20 Sekunden reglos und stumm stehen, dann verschwand sie. Herr C. versuchte daraufhin vergeblich, eine rationale Erklärung zu finden. Zudem schreibt er, es seien seit seinem Einzug im Mai 2011 immer wieder seltsame Sachen passiert. "Schritte wurden im oberen Stockwerk gehört, wenn alle Bewohner unten waren. Auch hörte man Schritte, die die Treppe herunter kamen, begleitet von einem kalten Hauch, wenn man sich näherte." Herr C. hörte außerdem Stimmen, die seinen Namen riefen, und ein tiefes menschliches Knurren. Sein Hund schien zwar nicht auf die Schattengestalt zu reagieren, die zu einem anderen Zeitpunkt auch von seiner Freundin gesehen wurde, doch wenn die Schritte wieder ertönten, lies er ein bedrohliches Knurren hören. Von den Nachbarn konnte Herr C. erfahren, dass der Vormieter des Hauses darin verstorben war, was er mit den Ereignissen in Zusammenhang bringt.

Auf dem Dachboden

Ein wahres Spukhaus scheint der „Gasthof zur Linde" zu sein, von dem Frau D. berichtet hat.

Sie erzählte, der Vater ihres Freundes habe sich mit der Wirtschaft eine eigene Existenz aufgebaut. Doch es schienen seltsame Dinge in dem Haus vorzugehen. Im Gasthof wohnte die Bedienung, die berichtete, sie höre öfter Stimmen und Schritte, wenn sie nachts alleine sei. „Wir dachten alle, sie will uns veräppeln und daraufhin schliefen wir eine Nacht bei ihr in der Wohnung." Tatsächlich hörten alle die Stimmen und Schritte und sogar die beiden Katzen flüchteten. „Die Kellnerin ging mit einer Taschenlampe in das Treppenhaus und schaute nach, aber es war keiner da. Die Türen waren zugeschlossen und die Fenster waren auch zu. Den Schlüssel hatten nur sie und der Wirt." Sie wiederholten die nächtliche Wache insgesamt dreimal im Herbst und Winter 2008 und jedes Mal waren kurz vor Mitternacht die Stimmen und Schritte zu hören. „Die Stimmen waren leise. Ich konnte nie verstehen was er sagte bzw. sie, beim letzten Mal war es eine Sie." Sie meinte, die Richtung, aus der die Geräusche kamen, war entweder Flur oder Dachboden. „Und als ich im Tanzsaal war, kam es definitiv vom Dachboden. Die Stimmen waren ganz kurz, ich sag mal, so als ob jemand einen Satz gesprochen hätte, so in der Länge." Nur ein paar Monate später, es war Anfang Januar 2009, passierte eine schreckliche Tragödie: der Wirt beging Selbstmord. Er erhängte sich auf dem Dachboden des Gasthofes. Frau D. erfuhr kurz darauf eine haarsträubende Geschichte, die besagte, dass bereits sieben Personen auf dem Dachboden umgekommen wären: darunter, neben dem letzten Wirt, auch ein Ehepaar und ein kleines Kind.

Das Haus der weißen Frau

Der 54 Jahre alte Herr S. hat uns verschiedene Geschichten zu berichten, die nahe legen, dass sein Elternhaus einen geisterhaften Bewohner beherbergt. Ungewöhnliche Erlebnisse wurden nicht nur von ihm selbst, sondern auch von seinem jüngeren Bruder, einer Tante und einer Angestellten des Bruders immer wieder berichtet. Im Haus, das der jüngere Bruder bewohnt, der dort auch einen kleinen Schankraum und eine Bäckerei betreibt, ereignen sich schon über viele Jahre hinweg immer wieder unheimliche Vorfälle. Eine dieser Episoden trug sich kurz nach dem Ableben der Mutter zu. Besagter jüngerer Bruder von Herrn S. bewohnte eine Dachgeschosswohnung, über der sich ein kleiner Dachboden befand, der nur mittels einer Leiter durch eine im Flur befindliche Bodenluke zu betreten war. „Auf dem Dachboden lag immer der Weihnachtsschmuck. Darunter Glaskugeln, Dekoration und zwei schwere Weihnachtsbaumständer aus einer Art Porzellan. In einer Nacht im Sommer wurde mein Bruder von lautem Lärm wach. Es schepperte und knallte im Treppenhaus. Weil es kurz danach wieder ruhig war, beließ er es dabei und schlief weiter.

Am nächsten Morgen fand er im ganzen Treppenhaus, über zwei Etagen hinweg, den völlig zertrümmerten Weihnachtsschmuck wieder. Auch einer der schweren Weihnachtsbaumständer war dabei, ebenfalls zertrümmert. Manche Teile lagen bis unten im Erdgeschoss. Die Bodenluke war noch genau so verschlossen, wie sie seit Weihnachten war. Einen anderen Zugang zum Dachboden gab es nicht." Doch besagter Dachboden hat noch mehr zu bieten. Herr S. erzählt von einem erst kürzlich erlebten Ereignis. Er bewohnt im Augenblick vorübergehend die ehemalige und bis dahin lange leer stehende Wohnung seines verstorbenen Vaters im Obergeschoss, worüber sich der Dachboden befindet.

51

„Vor ein paar Tagen, es war in der Nacht von Donnerstag auf Freitag (05.06 - 06.06.2014), lag ich im Bett. Ich hatte mich gerade hingelegt und das Licht ausgemacht, als es anfing. Es waren Geräusche, als wenn Möbelpacker am Dachboden tätig sind. Wenn es ein Tier war, dann muss es ein sehr großes gewesen sein. Ein Marder oder Mäuse kommen also definitiv nicht in Frage. Das ging so eine Viertelstunde, bis es mir zu bunt wurde. Ich stand auf, machte das Licht an und ging in der Wohnung umher, um die Stelle zu lokalisieren. Ohne Zweifel kam es vom Dachboden über mir. Und zwar dort, wo der Boden nicht ausgebaut ist.“

Herr S. war zu diesem Zeitpunkt allein im Haus und hatte nur die Gesellschaft seines treuen Hundes, als er der Quelle des Lärms im Dachboden nachspürte. „Der erste Weg führte über das Treppenhaus meines Bruders. Von hier kam ich aber nicht auf den Dachboden, weil der Durchgang verbaut war: Dort standen zwei alte Kleiderschränke. Der zweite Weg war das Treppenhaus am anderen Ende des Hauses. Auch dort war alles versperrt. Ich musste die Treppe erst frei räumen. Da das die beiden einzigen Zugänge zum Dachboden sind, war schon mal ausgeschlossen, dass sich irgendeine Person am Dachboden befinden konnte. Als ich oben war, war - wie erwartet - niemand da. Leider war auch noch das Licht am Dachboden kaputt, so dass ich auf das schwache Licht meines Handys und das Restlicht aus dem Treppenhaus angewiesen war. Gemeinerweise ging das Treppenhauslicht auch noch aus, als ich mitten am Dachboden stand, so dass es mir ungemütlich wurde.“ Herr S. fand weder Mensch noch Tier dort vor.

Sicherheitshalber installierte er eine Wildkamera, die eventuelle Störenfriede aufnehmen sollte – bis jetzt allerdings ohne Erfolg. Im Haus gab es noch weitere Phänomene im Hinblick auf unerklärbare Geräusche: „Es ist oft so, dass ich allein in der Küche sitze. Mangels WLAN an meinem Notebook bin ich auf den Internetanschluss in der Küche angewiesen. Zwischen 22:00 Uhr, wenn der Schankraum geschlossen wird, und 1:30 Uhr, wenn die Bäcker anfangen zu arbeiten, bin ich also allein. Einige Kühlaggregate brummen, sonst hört man normalerweise im Haus kein Geräusch. [...]

Es war im Winter 2013/2014, also vor ein paar Monaten. Zweimal habe ich Geräusche in der Backstube gehört, die an Schritte erinnerten und so als ob jemand gegen irgendetwas gerempelt wäre. Dadurch hat auch der Hund angeschlagen." Als Herr S., besorgt durch das alarmierte Verhalten seines Hundes, in der Backstube nachsah, war diese vollkommen leer und verlassen.

Ein anderes Mal hörte Herr S. gegen 23:45 Uhr deutliche Schritte im Treppenhaus.

„Erst dachte ich, dass mein Bruder schon kommt, obwohl es noch zu früh für die Bäcker war, weil sie erst um 1:30 anfangen. Dann ging die Haustür und nichts war mehr zu hören. Als mein Bruder dann um 1:30 Uhr tatsächlich die Treppe runter kam, habe ich ihm die Geschichte erzählt und gefragt, ob er noch Besuch hatte oder wer das war, der die Treppe runter gekommen ist. Doch mein Bruder sagte, dass sich außer ihm, mir und dem Hund niemand im Haus aufgehalten hätte."

Die Schritte aus dem Nichts wiederholen sich im Abstand von mehreren Wochen immer wieder.

Auch eine Bäckereiangestellte hatte bereits mehrmals seltsame Erlebnisse in diesem Haus. „Sie berichtete, dass sie morgens, wenn sie allein in der Bachstube war, oft aus dem Augenwinkel heraus, eine weiße, große Gestalt im Raum wahrgenommen hatte. Als sie dann genau hinsah, sei die Erscheinung wieder weg gewesen. Dieses Erlebnis habe sie schon öfter gehabt." Doch nicht nur diese Dame berichtet von einer weißen Erscheinung: „Meine Tante aus Rom, die vorgestern zu Besuch nach Deutschland gekommen ist, hat mir gestern erzählt, dass sie als Kind ganz deutlich im Treppenhaus eine weiße Frau gesehen hat, die ihr zugewunken hat."

Doch die weiße Frau hat scheinbar noch weitere Gesellschaft, denn der Bruder von Herrn S. sah bereits öfter von der Küche aus, als er durch die Durchreiche in den dunklen und geschlossenen Gastraum schaute, mehrere Gestalten, die in der Finsternis umherliefen. Da die kleine Gaststätte zu der Zeit längst geschlossen hatte, konnte sich dort niemand mehr aufgehalten haben.

Herr S. hat noch einen weiteren aktuellen Vorfall zu berichten: „Ich saß in der Küche vor dem PC, war im Internet unterwegs. Die Küche hat zwei Türen. Die eine Tür ist fast immer geöffnet, sie geht zum Laden. Ich hörte die Kühlaggregate brummen. Die zweite Tür geht zum Schankraum des Cafes und hat einen sehr kräftigen Türschließer. Durch den überdimensionalen Türschließer ist diese Tür immer geschlossen. Man muss richtig Kraft aufwenden, um sie zu öffnen. Vor dieser Tür lag küchenseitig mein Hund. Da die Tür nach innen öffnet, konnte niemand hindurch, ohne dass der Hund aufstehen musste. Plötzlich war mir so, als ob jemand im Haus unterwegs ist. Doch durch die vielen Geräusche der Kühlmaschinen irrt man sich häufig. Es ist auch niemand gekommen, so dass ich mich wieder auf das Internet konzentrierte. Die Tür ist nur knapp 1 Meter vom Tisch entfernt und der Hund lag also genau hinter meinem Stuhl, mit dem Rücken an die Tür gelehnt. Plötzlich knallte es, und zwar richtig laut. Ich sprang auf […] Die Tür flog auf, d.h. der Hund lag im Weg und wurde kurz nach innen geschoben. Im Bruchteil einer Sekunde war er wach, sprang auf und bellte laut. Da war die Tür bereits wieder zu. Da ich dachte, dass einer durch die Tür wollte, obwohl niemand im Haus war, machte ich diese sofort auf, um nachzusehen. Doch da war niemand.

Mit dem Hund voran, bin ich dann durch die andere Tür, von wo man über den Laden auch in den Schankraum kommt. Doch auch im Gastraum war niemand. Weder vor noch hinter der Theke. […]

Vom Geräusch hatte es sich so angehört, als wenn jemand gewaltsam mit den Schultern vor eine Tür rempelt, um sie zu öffnen. Und zwar genau so laut. Dafür habe ich keine Erklärung. Dass der Hund nach innen gerutscht kam, zeugt von der Kraft, die von der anderen Seite gegen die Tür gebollert hat (9. Juni 2014)."

Im Haus passieren fast täglich weitere Vorfälle dieser Art. Auch schrieb Herr S. davon, dass man, besonders bei Frauen, die im Haus wohnten bzw. arbeiteten, Verhaltensänderungen feststellen konnte. Einige tragische Vorfälle aus der Vergangenheit könnten, seiner Meinung nach, mit den seltsamen Geschehnissen in Verbindung stehen. So berichtet er davon, dass seine Urgroßmutter sich vor vielen Jahren in der Küche der ehemaligen Wohnung des 2007 verstorbenen Vaters (damals noch Wohnung der Großmutter) erhängt hatte. Außerdem ist sein jüngerer Bruder im Alter von vier Jahren ertrunken. Vielleicht stehen diese tragischen Todesfälle ja im Zusammenhang mit den unheimlichen Vorgängen? Ein Ende ist bislang nicht in Sicht.

Die Anderen

Herr G. R. und seine gesamte Familie litten jahrelang unter der Angst vor den seltsamen Phänomenen, die sich in ihrem ländlich gelegenen Haus abspielten. Sie zogen letztendlich sogar aus, da es im Laufe der Zeit immer unerträglicher dort wurde. Auch eine Freundin, die eine Weile mietfrei im Haus wohnte, ergriff bald die Flucht. Seitdem steht es leer. Die erlebten Dinge variierten in ihrem Erscheinungsbild recht stark. Es wurden von mehreren Personen, teilweise gleichzeitig, teilweise alleine, deutliche Erscheinungen von Erwachsenen und Kindern sowie Schattengestalten gesehen, lautes Poltern gehört, plötzliche Kälte gespürt uvm. Eine besonders unheimliche Erscheinung wurde von der Ehefrau neben der Wohnzimmertür wahrgenommen. Sie beschreibt sie als ziemlich großen Mann von etwa 85 kg, der Kopf gebeugt wie in Trauer. Er trug dunkle Hosen und eine Art Holzfällerhemd. Die Gestalt zeigte sich deutlich, doch war kein Gesicht zu erkennen. Mehrmals wurde dieser geisterhafte Mann inzwischen gesehen. Er blieb einmal sogar ganze eineinhalb Minuten an derselben Stelle, bevor er sich langsam auflöste. Einmal wurde die Dame des Hauses sogar geweckt und sah die Gestalt in ihrem Schlafzimmer sitzen. „Er hat mich mit dem Geräusch einer quietschenden Matratze aufgeweckt und die Seite des Bettes, an der er sich hingesetzt hatte, sank durch sein Körpergewicht tatsächlich tiefer ein. Als ich das spürte, drehte ich mich zu ihm um und da sah ich ihn sitzen und spürte sein schweres Atmen, wie von einem erschöpften Mann, der sich ausruhen möchte." Sie drehte sich schnell wieder um und dachte, er würde verschwinden. Doch als sie nach etwa einer Minute wieder nachsah, war er noch immer da. Wieder versuchte die die Erscheinung zu ignorieren und drehte sich weg, in der Gewissheit, er würde irgendwann doch verschwinden. Auch tagsüber erschien der geisterhafte Herr des Öfteren, z.B. stand er manchmal frontal vor jemandem im Flur. Nicht nur als solide Gestalt erscheint er der Familie, manchmal sieht er auch aus wie schwarzer Rauch. Das schwere Atmen wurde von verschiedenen Familienmitgliedern im Flur vor den beiden Schlafzimmern im oberen Stock gehört. Herrn G. R.'s Ehefrau berichtet auch, dass sie öfter beim Hochsteigen der Treppe das Gefühl hatte, es komme ihr jemand aus der anderen Richtung entgegen und sie spürte einen starken Luftzug. Der mittlerweile 15 Jahre alte Sohn der Familie, sah als er jünger war, öfter ein kleines Mädchen im Flur vor den Schlafzimmern laufen und es verschwand durch ein Fenster. Auch die kleine Tochter, zum damaligen Zeitpunkt vier, erzählte von einem kleinen Mädchen, mit dem sie immer in ihrem Zimmer spielte. Die Eltern hörten sie häufiger Selbstgespräche führen. Lichter gingen von selbst an und aus, es wurde plötzlich eiskalt im Raum, man hörte laute Schritte und Klopfen. Im Dachboden waren oft Geräusche wie von lautem Möbelrücken hörbar, meist mitten in der Nacht. Gegenstände verschwanden oft spurlos uvm.

Der Besitzer forschte ein wenig in der Geschichte des Hauses nach. Es wurde 1911 gebaut, 1917 verstarb eine erwachsene Frau dort, 1925 ein kleines Mädchen und im Jahre 1964 starb dann noch ein erwachsener Mann. Herr R. hat die Theorie, dass es sich bei der „Rauchgestalt" um die im Kindbett verstorbene Mutter handle. Das Mädchen, das seine Kinder sahen, sei dann etwa mit 7 oder 8 Jahren verstorben, was auch zur Beschreibung der Erscheinung passe und der geisterhafte Mann war vielleicht der letztendlich ebenfalls verstorbene Witwer.

Auf einem Foto hat die Familie kürzlich durch Zufall noch eine männliche Gestalt entdeckt, die eine Hand auf die Schulter eines transparenten Mädchens legt. Zu diesem Zeitpunkt befand sich niemand im Haus. Es stand bereits leer.

Dieses Foto soll ein Geisterkind und den Arm
eines Phantommannes zeigen.

Die Hausbesichtigung

Herr D. K. hat in seiner Kindheit eine erschütternde Erfahrung der geisterhaften Art gemacht. Doch er hatte noch einmal Glück...
„Meine Mutter und ich hatten uns ein zum Verkauf stehendes Haus angeschaut.

Ich war damals 11 und meine Mutter war frisch geschieden. Jedenfalls stand das Haus, welches einer sehr wohlhabenden Familie gehört hatte, schon lange leer. Wir waren eine große Besucher-Gruppe von 20 Leuten und gingen durch das große Haus. Der Immobilienmakler versuchte den schlechten Zustand des Gebäudes schön zu reden. Das war mir schon schwer suspekt, da es 20 Jahre leer stand, und man merkte mir an, dass der Makler bei mir umsonst redete. Er zeigte uns dann die ehemalige Bibliothek, in welche man durch das Esszimmer gelangte. Der Durchgang war eine versteckte Tür, im Wandschrank versenkt. Der Schrank war riesig, über 2 Meter hoch und gute 50 cm tief. Da so viele Interessenten das Haus anschauten, war ich dann der Einzige, der nicht in das Zimmer passte und genau in dieser tiefen Tür stand - vor mir nur Erwachsene, über die ich nicht schauen konnte.

Genau in dem Moment hatte ich das Gefühl, als ob mir jemand mit aller Gewalt auf die Schulter drückte und mich zu Boden zwang. Mir entwischte ein lautere Ausruf, sodass sich die hinteren Erwachsenen nach mir umdrehten. Man dachte, ich will halt nicht hinter allen anderen stehen.

Ich wurde kreidebleich. Das bemerkte sogar meine Mutter. Je mehr uns vom Haus gezeigt wurde, umso schlimmer wurde das Ganze für mich.

Als wir dann durch das Erdgeschoss in den ersten Stock und danach in den zweiten Stock kamen, zeigte der Makler uns eine Spur „N" Modelleisenbahn, die über das gesamte Stockwerk auf einer bzw. mehreren Platten gebaut und auf ca. 1 Meter hohe Füße gestellt war.

Man konnte nur noch am Rand jedes Zimmers laufen. Rund um die Platten war ein freier Gang, etwa hüftbreit. […] Wenn man unter die Platte schaute, sah man einen Wulst an Kabeln, welchen man nicht mehr überblicken konnte.

Das Haus hatte eine Grundfläche von ca. 100qm. Der zweite Stock war komplett ausgebaut, sodass man sich nur an der Wand entlang schiebend durch die Zimmer bewegen konnte. Zwei Personen nebeneinander hatten keinen Platz. Das Stockwerk hatte fünf Zimmer, nur um die Größe zu verdeutlichen. Die Modelleisenbahn war mit mind. 10 cm Staubschicht bedeckt, und alles stand drauf, Züge, Loks, einfach alles.

Als der Makler sagte, hier müsste man nur den Stecker einstecken und los spielen, das wäre doch genau das Richtige für den Kleinen hier und deutete auf mich, erschrak ich dermaßen, weil ich das Gefühl hatte jetzt geht die Welt unter. Ich sagte dem Makler, das hätte er nicht sagen dürfen, woraufhin dieser sofort ablenkte.

Meine Mutter vermutete, dass es an meinen Erlebnissen zuhause lag und dachte sich nichts weiter dabei.

Als der Makler uns den riesigen Garten mit 2000qm und großem Obstbaumbestand zeigen wollte, konnte meine Mutter machen was sie wollte, ich war nicht mehr dazu zu bewegen, weiter zu gehen. Sie entschuldigte sich und wir verließen die Hausbesichtigung. Durch meine offensichtliche Aversion gegenüber dem Haus waren von den 20 Leuten [die zur Besichtigung gekommen waren] nur noch 5 übrig. Alle Anderen hatte ich verjagt, meiner Mutter war das furchtbar peinlich. Als sie ansetzen wollte, um mich zu schimpfen, unterbrach ich sie mit den Worten: *„wo bringt du mich da nur hin, in so was Schreckliches!?"* Ich machte ihr jedenfalls schwere Vorwürfe und sagte ihr offen, dass was ganz Schlimmes in dem Haus sei, das dort keinen duldete. Sie schaute mich erschrocken an und erzählte mir dass sich in dem Haus die zwei Kinder und der Vater im Obstgarten und die Mutter im Dachstuhl, direkt hinter dem Fenster, […] innerhalb von 10 Jahren erhängt hatten.

Ich bin nie wieder nur in diese Straße und schon gar nicht an dem Haus vorbei gegangen."

Manche Häuser wirken von außen vollkommen unschuldig...

Die Spukwohnung

Auch in der Wohnung von Frau N. gab es über einen gewissen Zeitraum immer wieder Vorfälle der unheimlichen Art: „Ich bin 2005 in meine jetzige Wohnung gezogen, mit meinem Sohn, damals 1 Jahr alt, Hund und Kaninchen. Ich fühlte mich sofort wohl, aber nach einiger Zeit kam es zu komischen Vorkommnissen."

Eines dieser Vorkommnisse war das selbständige Aufdrehen des Wasserhahnes, das sich eines Nachts ereignete. Und ein weiteres Mal lief plötzlich die Badewanne von selbst voll, der Stöpsel war ebenfalls seltsamerweise eingedrückt. Zu diesem Zeitpunkt war der kleine Sohn erst zwei und schlief tief und fest.

„Es kam auch zweimal vor, dass nachts massiv an meinem Bettende gerappelt wurde." Doch nicht nur die Menschen erlebten Seltsames. Auch der Familienhund zeigte ein eigenartiges Verhalten, denn er begrüßte freudig unsichtbare Besucher und das Kaninchen spielte oft regelrecht verrückt in seinem Käfig.

Das Geisterfoto

Frau G. war zu Beginn des Jahres 2012 erst einen Monat in ihrer neuen Wohnung, als die Vorfälle begannen. Sie berichtet, dass der Computer sich nachts von alleine einschaltete, die Lichter angingen und auch die Spielzeuge ihrer beiden Kinder ein Eigenleben zu entwickeln schienen. Das alles passierte, sobald alle im Bett waren. Frau G. erzählt noch heute mit Schaudern: "Meine Tochter meinte, dass ihr Bett sich eines nachts so angefühlt hat, als ob es jemand bewegen würde." Außerdem erschien auf einem Foto, das Frau G. von ihrer kleinen Tochter machte, eine erwachsene, leicht transparente Gestalt, bei der man sogar die Kleidung relativ gut erkennen konnte, von der aber der Kopf nicht auf dem Bild war, da es ja auf die Körpergröße der Tochter ausgerichtet war. Frau G. liefert eine Bildbeschreibung: „Auf dem Bild sieht es so aus wie ein roter Pulli, weißes Hemd darunter, Jeans und eher lange Haare." Die neben der Tochter stehende Gestalt scheint eine Hand auf deren Schulter zu legen und mit ihr zu posieren. Das Foto wurde mir gezeigt, soll aber, ihrem Wunsch gemäß, zur Wahrung der Privatsphäre der Tochter im Buch nicht abgebildet werden.

Klopfgeist

Klopfgeräusche aus dem Nichts scheinen ein häufig erlebtes Phänomen zu sein, was auch immer dieses auslösen mag. Frau E. hatte leider regelmäßig das Pech, diese in ihrem Schlafzimmer zu hören. Damals lebte sie noch bei ihren Eltern. Die im Folgenden geschilderten Vorfälle ereigneten sich kurz nach dem Einzug in eine neue Wohnung. „Ich hatte […] noch keine Nachtgardinen, es war sehr hell, wenn ich […] im Sommer versuchte einzuschlafen. Einen Vorteil hatte es: ich traute mich, solange es hell war, mit dem Gesicht zur Wand einzuschlafen, doch einmal, als ich mich mit dem Rücken zum Zimmer wandte, klopfte jemand an meinen Kleiderschrank. […] Ich drehte mich wieder zurück zum Zimmer. Das Klopfen hörte auf. Drehte ich mich wieder um, klopfte es wieder am Schrank, es hörte sich an, als ob jemand an der Tür klopfte, der reinkommen wollte. Genervt drehte ich mich wieder zum Zimmer und wartete bis es anfing zu klopfen – nichts passierte. Ich drehte mich wieder um, wieder das Klopfen. Diesmal drehte ich mich zum Zimmer zurück und weil ich bereits wütend war, habe ich gesagt, dass er gefälligst aufhören soll zu klopfen, schlief aber trotzdem mit dem Rücken zur Wand ein." Als Frau E.'s Mutter dann endlich die Nachtgardinen genäht hatte und diese an Ort und Stelle hingen, war der Spuk keineswegs vorbei.

„[…] seit dem ersten Abend, wenn ich die Gardinen zuzog und mich schlafen legte, klopfte es am Fenster, es klopfte solange, bis ich die Gardinen zur Seite wegzog. Ich habe es vier Abende nacheinander zuzuziehen versucht, doch jedes Mal klopfte es am Fenster. Seitdem schlief ich ohne Nachtgardinen. Meiner Mutter fiel es erst später auf."

Die Botschaft

Die junge Frau S. wohnt mit ihren Eltern im über 100 Jahre alten Elternhaus des Vaters. Dort erlebte sie immer wieder einige seltsame Dinge, die sich Anfang des Jahres 2013 zuspitzten. Im Haus gingen zunächst nur manchmal Lichter von alleine an und man hörte Schritte, die scheinbar niemand verursachte. Doch eines Tages erschien plötzlich eine schwarze Gestalt im Schlafzimmer der jungen Frau. Sie fühlte sich beobachtet und sah dann „den Schatten eines Menschen", der sie anstarrte. Frau S. hatte das Gefühl, es handle sich um eine Frau: „Sie hatte Arme und Beine, Hals und Kopf, die man genau erkennen konnte, nur halt ohne Details. Sie erschien plötzlich und auf unerklärliche Weise." Die Erscheinung tauchte mehrmals nachts auf und war maximal einen halben Meter von ihr entfernt. Manchmal blieb sie im Dunkeln bis zu 15 Minuten regungslos stehen. Dann verschwand sie so plötzlich, wie sie gekommen war. Frau S. versuchte auch einmal, mit der Gestalt zu reden, erhielt jedoch keine Antwort. Es kam ihr sogar ungewöhnlich ruhig vor, man hörte keine Geräusche und sie fühlte sich wie in einer Luftblase. Auch die Temperatur sank merklich, immer wenn die Gestalt erschien. Frau S. startete noch einen zweiten Versuch der Kommunikation, indem sie auf einen Schreibblock einige Fragen schrieb und einen Stift darauf liegen ließ. Zwei Nächte später waren die Fragen darauf beantwortet. „Die Antworten waren in einer nicht sehr deutlichen Schreibschrift geschrieben, mit dem Kugelschreiber der daneben lag, in Blau." Die Gestalt erschien immer noch alle paar Tage, zum Zeitpunkt des letzten Kontakts mit Frau S.

Geisterhafter Schabernack

Frau H. und ihre Cousine erlebten gemeinsam in ihren Teenagerjahren einige schauerliche Dinge.

Frau H. besuchte damals besagte Cousine öfter in der Wohnung ihrer Eltern. Einmal saßen sie gemütlich beisammen im Zimmer der Cousine, hörten Musik und unterhielten sich. „Plötzlich schlug jemand direkt über meinem Kopf gegen die Wand. Der Schlag war so heftig, dass wir dachten, das Dach stürzt ein, aber es passierte nichts. Als wir wieder normal denken konnten, versuchten wir auch gegen die Wand zu schlagen, um herauszufinden, wie viel Kraft man benötigt, um so einen Schlag hinzubekommen. Unser Fazit: es ist gar nicht möglich." Als Frau Hs. Onkel und Tante für zwei Wochen verreist waren, zog sie für diese Zeit zu ihrer Cousine in deren Wohnung. Die beiden Mädchen befanden sich im Wohnzimmer, alle Geräte waren ausgeschaltet. Plötzlich ging die Glastür des Wohnzimmerschrankes neben ihnen auf und das Radio fing mit voller Lautstärke an, zu spielen. Die beiden Mädchen flüchteten daraufhin aus dem Haus. Die beiden Teenager durften, während der Abwesenheit der Eltern, in deren Schlafzimmer übernachten. Bereits die erste Nacht brachte jedoch etwas anderes als süße Träume. „Ich konnte wieder lange nicht einschlafen. Meine Cousine schlief bereits, als ich von der Fensterbank her, die sich einen halben Meter vom Bett befand, ein Geräusch wahrnahm, das sich wie eine lange, dickere Halskette anhörte, die von der Fensterbank langsam runterfiel, aber ich wusste, dass die Fensterbank zu schmal ist […]. Ich versuchte, mich nicht zu bewegen und lauschte den Geräuschen. Jetzt hörte ich, wie die Türklinke runtergedrückt wurde, und die Tür wurde einen größeren Spalt geöffnet. Es ist eine Tür, die normalerweise immer von alleine komplett aufgeht. Diesmal aber nicht. Ich war geschockt und versuchte vergeblich, meine Cousine zu wecken. Ich bin dann schnell über meine Cousine zum Nachttisch gehechtet und griff mir den Schalter der Lampe. Es war niemand an der Tür und trotzdem blieb sie einen Spalt offen. Jetzt wurde auch meine Cousine wach und schreckte gleich auf. Sie traute sich, die Tür zu schließen und wir wollten abwarten, bevor wir wieder ans Schlafen dachten. Das Licht fing an zu flackern [...] und ich machte das Hauptlicht im Zimmer an. Auch dieses fing an zu flackern. Wir machten die Tür auf und machten das Licht im Flur auch an. Alle drei Lichter flackerten nun. Wir standen auf und warteten, bis es hell wurde, in der Hoffnung, dass das Licht nicht erlöschen würde. Am nächsten Morgen fragten wir eine andere Freundin, ob sie bitte kommen möchte. Zu zweit hatten wir doch zu viel Angst. Jetzt teilten wir uns zu dritt das Bett. Nachts passierte erstmal nichts. Morgens ging ich dann als Erste ins Bad. Als ich wieder rauskam, saßen beide völlig verschreckt auf dem Bett und starrten mich an. Die Decke war halb unter das Bett gezogen. Die beiden sahen ziemlich lustig aus und ich musste zuerst lachen. Erst später erzählten sie mir, was los gewesen ist: als ich weg war, ist ein Ende der Decke auf den Boden gefallen und meine Cousine wollte es ins Bett ziehen, aber jemand hielt es fest. Sie zog mit der ganzen Kraft an der Decke, schaffte es aber nicht die Decke hochzuziehen. Als die andere Freundin meiner Cousine helfen wollte, ließ „es" die Decke los und beide fielen zurück aufs Bett - in diesem Moment kam ich rein. Ich hatte aber niemanden auf dem Boden gesehen. [...] Seitdem hat diese Freundin mit uns den Kontakt abgebrochen und wir beide wohnten den Rest der Ferien bei uns."

Der kleine Theo

Auch Peter und seine Freundin S. haben es, ihrer Meinung nach, mit einem Hausgeist zu tun. „Vor einem Jahr begannen wir das Erdgeschoss umzubauen. Meine jetzige Freundin und ich wohnen seit ca. vier Wochen in der neuen Wohnung. Alles war in Ordnung, bis vor ca. zwei Wochen, als wir nachts in unserem Schlafzimmer Schritte wahrnahmen, so als ob jemand barfuss durch das Zimmer gehe. Muss dazu sagen, dass wir Laminatboden haben. Also, es hörte sich so an, als [ob] jemand barfuss darauf lief.

Die Schritte gingen in Richtung zu unserem 11 Monate alten Sohn ans Kinderbett, dann zu meiner Freundin auf deren Schlafseite und danach wieder Richtung Tür." Gleichzeitig hatte Peter auch einen seltsamen modrigen Geruch bemerkt. Anfangs dachte die Familie, sie hätten sich die Ereignisse nur eingebildet. Doch es ging weiter und wurde immer heftiger. Gegenstände fielen herunter, besonders das Namensschild der fünfjährigen Stieftochter von Peter. Beide Partner nahmen immer wieder den Modergeruch wahr, aber nur im Schlafzimmer.

Auch wechselte sich einmal in den frühen Morgenstunden der Kanal des Babyphons wie von Geisterhand. Die fünfjährige A. hörte nachts Klopfgeräusche an der Stirnseite ihres Bettes. Einige Zeit später waren die Klopfgeräusche auch in anderen Zimmern zu hören.

Doch auch der gemeinsame kleine Sohn erlebte Seltsames. Peter erzählt: „Er saß in seinem Bett und lachte in die Ecke und plapperte so wie es Kinder tun vor sich hin, was ja auch normal ist bei Babys, nur dass es sich irgendwie so anfühlte, als wenn jemand mit ihm geredet oder gespielt hätte." Peter hatte zu dem Zeitpunkt auch das deutliche Gefühl, beobachtet zu werden.

Immer mehr Dinge ereigneten sich, Peter und seine Freundin wurden manchmal leicht berührt, so wie ein Streicheln, sie hörten Schritte und der seltsame Geruch trat auch in anderen Räumen auf.

Die kleine Tochter A. erzählte, sie spiele öfter in ihrem Zimmer mit „Theo".

Doch der Höhepunkt war eindeutig der große Auftritt des kleinen Theo: „Heute Morgen um 4.30 Uhr [...] musste meine Freundin auf die Toilette. Als sie aus dem Schlafzimmer ging, sah sie eine Gestalt mit einer weißen Strickjacke, die vor ihr davon lief. Sie meinte, dass es ein Kind war." Sie sah die etwa 1,10 m große Gestalt im Türrahmen zwischen Flur und Küche. Als sie den Jungen mit ihrer Taschenlampe anleuchtete, lief er in Richtung Flur davon. Sie konnte sehr gut Details seiner Kleidung erkennen, sogar das Zopfmuster und Stickereien seiner hellen Strickjacke. Nach diesem Erlebnis war S. geschockt und vollkommen mit den Nerven am Ende. Auch der Familienhund war unruhig und verkroch sich verängstigt ins Bett. Peter war zu diesem Zeitpunkt bereits zu seiner Nachtschicht aufgebrochen, S. war also mit Kindern und Hund alleine in der Wohnung.

Eine medial begabte Freundin hatte einmal in der alten Wohnung einen kleinen Jungen gesehen, auf den diese Beschreibung gut passte. Peter und seine Freundin glaubten, der Kleine sei ihnen vielleicht mit in die neue Wohnung gefolgt. Mittlerweile hat Theo ein eigenes Kuscheltier bekommen und wird als zusätzliches Familienmitglied akzeptiert.

Gestalt in weißer Robe

Ein Haus neben dem Friedhof ist für manche Menschen ja schon gruselig genug.

Frau F. zog 2010 in ein ebensolches Haus ein und musste erfahren, dass sie auch noch einen geisterhaften Mitbewohner bei sich hatte.

Es war an einem Februarabend gegen 22 Uhr. Sie hatte sich zusammen mit ihrem Freund gerade ins Bett gelegt und döste vor sich hin, als sie neben ihrem Bett plötzlich eine Gestalt erblickte. „Ich öffnete meine Augen und war erschrocken, es zu sehen. Es verschwand auch ganz plötzlich wieder." Frau F. erzählt, die Gestalt war weiß und solide, sie hatte eine Art von weißer Robe an und machte keinerlei Geräusche, sagte auch nichts zu ihr.

Ihren Aussagen zufolge sah sie des Öfteren ähnliche Gestalten, die sich meist langsam manifestierten. Manchmal scheinen sie auch zu sprechen, doch Frau F. konnte bislang nicht verstehen, was genau sie zu ihr sagten – vermutlich weil sie nie lange genug blieb, um es herauszufinden…

Das Grauen am Fuße der Kellertreppe

Herr Rudy Daniel schrieb mir, nachdem er von meinem Buchvorhaben gelesen hatte, eine freundliche Email und vermittelte mir den Kontakt zu einer Dame, die ebenfalls vor ein paar Jahren einen geisterhaften Mitbewohner in ihrem Haus gespürt hatte. Frau Bettina Morsch war daraufhin so freundlich, mir ihre Geschichte im Detail zu erzählen.

Alles fing an, als sie 2004 mit ihren Teenagerkindern in ein neues Haus gezogen war. Von Anfang an hatten alle Familienmitglieder das Gefühl, sie wären nicht allein in ihrem neuen Zuhause. Frau Morsch erzählt: „Ich hatte in verschiedenen Räumen Angst und ein komisches Gefühl. Es ist nicht nur mir so gegangen, ich habe zwei Kinder und auch ihnen ist es so ergangen. Wir dachten auch öfter, es sei jemand hinter uns; doch als man sich umdrehte, war da niemand." Die Kinder von Frau Morsch, eine Tochter und ein Sohn, waren damals 14 und 17 Jahre alt. Beide berichteten häufiger, sie würden sich nicht wohl fühlen im neuen Zuhause. Der Sohn erzählte auch, es sei deutlich eine Anwesenheit in seinem Zimmer spürbar. Frau Morsch fühlte manchmal einen Luftzug, so als ob jemand direkt an ihr vorbeigegangen wäre, doch als sie sich umdrehte, war nichts zu sehen. Die Familie hörte auch öfter Geräusche, die sich anhörten wie Schritte auf dem Holzboden. Frau Morsch berichtet: „Im Keller war das unangenehme Gefühl sehr stark, am Fuße der Kellertreppe besonders. Da überlief mich oftmals ein Schauer. Ich hatte die Kellertür auch immer richtig verriegelt, nicht nur zugesperrt, sondern etwas unter die Türklinke geklemmt, da ich Angst hatte, etwas würde mir nach oben folgen."

Einige Zeit später kam Frau Morsch mit einer Nachbarin ins Gespräch, während dessen auch die Geschichte des Hauses angesprochen wurde. In der Tat hatte besagte Nachbarin eine interessante Geschichte zu erzählen. Etwa 20 Jahre zuvor lebte eine ältere Dame allein in dem Haus. Sie bekam leider nicht sehr oft Besuch von Angehörigen. Eines Tages geschah ein tragischer Unfall: die alte Dame stolperte und stürzte die Kellertreppe hinab. Dort verstarb sie an ihren schweren Verletzungen, da sie keine Möglichkeit hatte, Hilfe zu holen. Die arme Frau lag etwa eine Woche tot am Fuße der Treppe, bis jemand nach ihr sah und das Unglück bemerkte. Diese Geschichte gab Frau Morsch natürlich zu denken und sie legte für sich die Verbindung zwischen ihren Erlebnissen und diesem Unfall. Die alte Dame wurde von nun an als Auslöser der erlebten Phänomene angesehen.

Als Frau Morsch einmal eine Energiesitzung von Herrn Daniel durchführen ließ, kamen sie ins Gespräch, und sie erzählte ihm von ihren Erlebnissen im Haus. Daraufhin wollte Herr Daniel die Seele der Verstorbenen ins Licht schicken. Frau Morsch zufolge, war die Seele aber zuerst sehr unwillig zu gehen. Nachdem ihr aber eine Art Besuchsrecht eingeräumt wurde, um ab und zu nach dem Rechten in ihrem Haus zu sehen, ging die Seele dann doch ins Licht. Einige Male scheint die geisterhafte Dame noch im Garten der Familie aufgetaucht zu sein, doch nach einiger Zeit war sie endgültig verschwunden und die Familie hatte wieder Frieden in den eigenen vier Wänden.

Schwarze Gestalt mit Hut und Mantel

Frau K. T. hat in ihrer Jugend einige ungewöhnliche Dinge erlebt, die in die Kategorie *Hausgeist* passen könnten. In den 1990er Jahren lebte sie mit ihren Eltern in einer Wohnung, die sich über 2 Etagen, verbunden mit einer Holztreppe, erstreckte. „Eine Zeit lang wachte ich immer um 3:00 Uhr auf. Ich konnte einen Wecker danach stellen. Lange konnte ich dann nicht einschlafen. So war es auch in dieser Nacht. Ich versuchte immer nur auf der Seite zu schlafen, wo ich das ganze Zimmer sehen konnte, ich drehte mich zur Wand und machte mein Licht an. Ein paar Minuten später drehte ich mich wieder zum Zimmer und sah eine schwarze Gestalt direkt über mich gebeugt stehen. Es war völlig schwarz und trotz der Lampe, die direkt neben mir stand, konnte ich nichts außer „Schwarz" sehen. Es hatte einen Hut und einen langen Mantel an. In demselben Moment flatterte auch der Wellensittich wie verrückt wieder durch seinen Käfig. Vor Angst kniff ich meine Augen zusammen und versuchte mich zu beruhigen. Erst mehrere Minuten später machte ich vorsichtig die Augen auf. Voller Panik lief ich zum Lichtschalter und machte das große Licht an. Mein Wellensittich hatte sich immer noch nicht beruhigt." Doch das war nicht das einzige Erlebnis der jungen Frau. Immer wenn sie allein im Haus war, hörte sie Schritte auf der Holztreppe zur zweiten Etage. Da sie sich nicht traute, mit ihrer Familie über die Ereignisse zu reden, ist nicht bekannt, ob diese ebenfalls etwas Ungewöhnliches wahrgenommen haben.

Die Frau auf der Treppe

Als Frau K. mit ihrer Familie in das Haus der Schwiegereltern eingezogen war, bemerkte anfangs noch niemand etwas Ungewöhnliches. Lange Zeit war alles in Ordnung und die Atmosphäre im Haus freundlich und angenehm.

Als Frau K. jedoch schwanger war, änderte sich dies. Sie erzählt: „Ich wollte mich oben hinsetzen und fernsehen, mein Mann war nicht da, Schwiegerleute waren auch nicht im Haus, ich war ganz alleine. Auf der Treppe fühlte ich mich immer beobachtet, also lief ich diese normalerweise immer ganz schnell nach oben. Da ich nun aber hochschwanger war, konnte ich nicht mehr so schnell rennen. Als ich um die Biegung der Treppe ging, hatte ich wieder dieses unangenehme Gefühl. Eine Stunde später ging ich dann wieder die Treppe runter. Da stand plötzlich eine Frau in der Treppenbiegung. Eine ältere Dame, ziemlich klein, die Haare nach oben gesteckt, nen Rock an... Ich denk mir noch *was will die Frau hier?"* Frau K. sprach die alte Dame daraufhin an und meinte, sie sehe sie und es störe sie sehr, dass sie da immer auf der Treppe stehe. Sie meinte: „Wenn du zu den Leuten gehörst, die hier wohnen, dann solltest du wissen, die Tochter ist verheiratet, ihr geht es gut, der Rest lebt auch woanders, es geht ihnen auch gut und sie haben Kinder und ich bin die Frau von F. Wenn du noch was wissen willst, kannst du ja wieder einmal vorbeikommen, aber bitte nicht so aufdringlich. Daraufhin ist sie verschwunden und kam nie wieder."

Ab diesem Zeitpunkt konnte Frau K. die Treppe wieder ungestört rauf und runter gehen. Als sie später ihrem Mann davon berichtete und die Frau beschrieb, holte dieser ein altes Foto heraus, auf dem genau diese Frau abgebildet war. Es war seine Großmutter, die Selbstmord begangen hatte. Das Zimmer ihres Lieblingssohnes war im Obergeschoss. Vielleicht wollte sie ja zu ihm, um nach dem Rechten zu sehen?

Frau K. begegnete einer gespenstischen alten Dame.

Nasser Gruß

Die damals 30-Jährige Nadine H. berichtete von einigen Vorfällen, als sie ihre neue Wohnung bezogen hatte. Besonders in ihrem Schlafzimmer konzentrierten sich damals die Vorfälle. Sie nahm einen starken Parfumgeruch wahr und eine Lampe erhielt einen heftigen Stoß, wie von Geisterhand. Im Kinderzimmer tropfte Wasser von der Decke und sie legte Papier am Boden aus, um das Wasser aufzusaugen. Als sie mit dem Nachbarn aus der Wohnung über ihr wiederkam, war plötzlich alles wieder trocken, auch das zuvor nasse Papier. Sie erzählte weiterhin, dass sie auf allen Fotos nur als schleierhafte Gestalt zu sehen war.

Lichtshow

Die damals noch recht junge Frau S. hatte ebenfalls mehrere Male Erlebnisse in ihrer damaligen Wohnung. Dort gingen oft unerklärlicherweise die Lichter und auch ihr Fernseher von selbst an und aus. Vielleicht war es ja ein technisch interessierter unsichtbarer Mitbewohner?

Moderner Geist der Lampe?

Blutschrift an der Wand

Auch Frau D. glaubte, einen Hausgeist bei sich zu haben, doch eher einen unfreundlichen. In ihrer Wohnung öffneten sich immer wieder Türen von selbst, die fest verschlossen waren. Sie hörte fast täglich Geräusche wie Kratzen oder Schleifen auf dem Boden. Doch das war noch längst nicht alles. Auch ein Ofen von an die 100 kg Gewicht stürzte eines Tages von alleine um. Besonders beunruhigend war, dass einmal aus dem Nichts heraus ein Datum an der Wand erschien, das mit Blut geschrieben war. Ein anderes Mal hatte sie plötzlich blutige Hände ohne Erklärung. Der Hausgeist schien wahrlich sein Unwesen zu treiben. Wir wollen hoffen, dass Frau D. keine weiteren Vorfälle dieser Art erleben muss.

Die Geister-WG

Herr N. H. erzählt von einigen Vorfällen, die er und seine Freundin immer wieder in deren Haus erlebten. Das erste Erlebnis, das Herr H. zu berichten hat, ereignete sich bereits beim ersten Besuch, den er seiner späteren Freundin abstattete. Es war an einem kalten Februartag, die beiden saßen im Wohnzimmer, neben dem Holzofen, und unterhielten sich angeregt. „Irgendwann kam der Moment, an dem ich bemerkt habe, da will jemand durch die Tür. Da will jemand unbedingt rein zu uns und zwar ganz aggressiv. Es sind sicher nur Minuten gewesen, aber es kommt einem dann ewig lang vor." Herr H. sagte aber nichts zu seiner späteren Freundin O. „Ich hab also dann gesehen, dass rund um die Tür Licht war, also so als ob beim Spalt unten Licht reinkommt, fast wie eine Aura um die Tür herum." Doch es ging noch weiter. Herr H. sah mit wachsendem Entsetzen, wie sich die Tür nach innen einbeulte. Jemand schien gegen die Tür zu drücken, so dass sich das Türblatt nach innen wölbte. „Es war wie im Horrorfilm." Herr H. hielt es nun nicht mehr aus und machte seine Freundin darauf aufmerksam. Diese meinte, sie habe auch etwas im Rücken gespürt. Sie saß zu diesem Zeitpunkt mit dem Rücken an die Tür gelehnt auf einem Hocker. Zuerst dachte sie noch, es könnte vielleicht die Katze sein, die versucht, herein zukommen, doch diese saß ja bei Herrn H. auf dem Schoß und hätte wohl, als normale Hauskatze, auch keine Tür einbeulen können. Nach diesem Erlebnis ließ sich Herr H. dann, völlig schockiert, vier Wochen nicht mehr bei seiner jetzigen Freundin O. blicken. O. erzählt: „N. sagte mir am nächsten Tag am Telefon „in dieses Haus gehe ich nicht mehr hinein." Doch nachdem er einige Zeit gehabt hatte, um darüber nachzudenken und sich zu beruhigen, nahm er den Kontakt zu O. doch wieder auf. Die Liebe siegte. Er meint, mit einem Anflug von Lachen in der Stimme: "Und dann war ich bereits so abgehärtet, dass ich das eine oder andere, was danach passierte, besser verarbeiten konnte." Tatsächlich passierte doch so einiges. Eines Abends saß das Paar gemütlich im Wohnzimmer beisammen, als die geisterhaften Untermieter sich wieder einmal bemerkbar machten. „Ich saß da auf der Couch, wir haben uns unterhalten. Auf einmal ging die Tür mit einem Ruck auf, so dass auch der daran hängende Dekostoff weit in den Raum hineingeweht ist. Mir lief es eiskalt den Rücken runter und ich hab dann gesagt „jetzt reichts, jetzt aber raus!" Dann hab ich die Tür wieder zugemacht." Doch das war noch nicht alles, der unsichtbare Türöffner schien nicht aufzugeben, denn 20 Minuten später flog erneut die Tür mit Schwung auf. Herr H. wurde dann wütend und sagte dem geisterhaften Störenfried ordentlich die Meinung, warf ihn sogar verbal aus dem Haus. Danach blieb die Tür geschlossen.

Herr H. und seine Freundin O. erzählen außerdem von verschiedenen anderen Erlebnissen. Es wurde z.B. schon ein Geisterhund gesehen, mehrere Gestalten hausen in den alten Gewölbegängen im Keller, und es sitzt öfter ein glatzköpfiger alter Mann in einem grünen Sessel, mit dem man vielleicht auch den gelegentlich auftretenden Tabakgeruch in Verbindung bringen kann.

Grüner Sessel, in dem ein geisterhafter Mann gesichtet wurde.

Eines der Zimmer des 1780 erbauten Hauses scheint es besonders in sich zu haben, da bislang noch kein einziger Übernachtungsgast dort eine ganze Nacht verbracht hat: das so genannte „Mönchszimmer", das eine besonders negative Atmosphäre auszustrahlen scheint und in dem sich jeder Gast von einem unsichtbaren Besucher beobachtet und bedroht fühlt. Es wurde unlängst darin auch eine geisterhafte Tonbandstimme aufgenommen, die laut und deutlich „devil" (Teufel) sagt. Nur die Hausherrin O. sieht das gelassener und meint, sie persönlich störe das eigentlich nicht.
Sie hat sich mit ihren unsichtbaren Mitbewohnern gut arrangiert und auch ihr Freund scheint sich nun langsam an diese zu gewöhnen…

Hier sollen gleich mehrere Geister ihr Unwesen treiben.

Ein russischer Alptraum

Frau O. E., selbst russischer Herkunft, berichtete mir über ihre Kindheit, in der sie viele schreckliche Erlebnisse hatte, die sie in den Zusammenhang mit einem geisterhaften Untermieter brachte. Die Ereignisse trugen sich in den Jahren 1982 bis 1991 zu, als die Familie schließlich umzog. Die kleine O. war zu diesem Zeitpunkt 9 Jahre alt.

Kinderzimmer	Wohnzimmer	Küche

Flur

Sie erzählt: „Wir wohnten dort zu viert. Mein Bruder und ich teilten uns das Kinderzimmer.

Es war so, als ob noch eine fünfte Person in der Wohnung lebte." Frau O. E. fühlte sich damals rund um die Uhr beobachtet und versuchte möglichst wenig aufzufallen, um die geisterhafte Person nicht auf sich aufmerksam zu machen. „Diese „*Person*" ist böse und ich hatte Glück, dass sie nur in der Wohnung war und mir nicht folgen konnte. [...] Nachts war es besonders schlimm. Ich hörte Schritte neben meinem Bett, die waren mal rascher, mal langsamer, mal blieben sie direkt vor dem Bett stehen. Die Tür im Kinderzimmer stand immer offen und ich hörte, wie sich im Wohnzimmer oder in der Küche Gegenstände bewegten. Wenn ich versuchte, die Augen zu schließen, um einzuschlafen, wurden die Schritte lauter, es war unmöglich sich auf die andere Seite zu drehen, mit dem Gesicht zur Wand hin, ich bekam Todesangst, weil ich dachte, dieses Etwas würde mir dann etwas antun."

Eines Tages brachte ihr Bruder einen neuen Kassettenrekorder nach Hause, der sein ganzer Stolz war. Die kleine Schwester O. durfte ihn auf keinen Fall anfassen, da sie sonst Ärger bekommen hätte. Das Gerät stand im gemeinsamen Zimmer der Kinder und O. spielte direkt daneben. Der Bruder hatte den Rekorder mit seinem Lieblingssong sehr laut aufgedreht, um auch in der Küche beim Kochen noch etwas zu hören. Plötzlich wurde die Musik wie von Geisterhand leiser gedreht. Der Bruder war außer sich vor Wut, da er glaubte, seine Schwester hätte seinen geliebten Rekorder berührt und er schlug die kleine O. sogar dafür. Daraufhin stellte er den Rekorder wieder lauter und kehrte zurück in die Küche. O. spielte derweil weiter im Kinderzimmer. Doch der Vorfall wiederholte sich kurze Zeit darauf. Die Musik wurde leiser, der Bruder kam wütend ins Zimmer, schlug seine Schwester und drehte die Musik wieder lauter. Das Mädchen spielte dann in Zukunft, aus Angst vor Bestrafung, im Flur neben der Küche. Seitdem veränderte sich die Lautstärke nie wieder von alleine. Sie erzählt weiter: „Immer wieder verschwanden Sachen von meinem Bruder, der dann wiederum dachte, dass ich es versteckt hatte […], aber ich wusste, dass es dafür Schläge geben würde und deshalb hätte ich es mir nie erlaubt. […] Ich wusste, dass „er" [gemeint ist der Geist] dafür verantwortlich war und es extra machte, damit es mir schlecht ging."

Ein weiterer Vorfall drohte ebenfalls eine unverdiente Bestrafung nach sich zu ziehen: Die Mutter hatte O. darum gebeten, das Geschirr abzuspülen. Doch wie es bei Kindern häufiger so ist, hatte O. so gar keine Lust dazu. Sie blieb lieber im Kinderzimmer und spielte.

Auf dem Tisch in der Küche standen ein Kochtopf, Teller, Besteck und Gläser. Plötzlich hörte sie, wie alles Geschirr zu Boden fiel – es war ein schrecklicher Lärm. Nach der ersten lähmenden Schrecksekunde, wagte sich O. aus dem Zimmer, um nachzuschauen. „Ich ging langsam durch den Flur und in der Küche angekommen, stellte ich fest, dass nichts, absolut nichts auf dem Boden lag und das ganze Geschirr stand genauso auf dem Tisch wie vorher auch."

Täglich erlebte O. neue Vorfälle, z.B. Spielzeuge, die sich auf dem Boden von selbst bewegten. Oft hörte sie auch Klopfgeräusche in der Wohnung, doch sie traute sich nicht, es ihren Eltern zu erzählen, da die ihr sicher nicht geglaubt hätten. Auch der Fernseher wurde oft manipuliert. „Jedes Mal, wenn ich das Wohnzimmer kurz verließ, regulierte sich die Lautstärke oder der Sender von selbst. War ich im Zimmer anwesend oder es war einer [aus der Familie] da, passierte wieder nichts."

Frau O. E. hatte auch später im Leben noch einige seltsame Erlebnisse, doch sie spürte niemals wieder diese negative und bedrohliche Atmosphäre, die in ihrer ersten Wohnung vorherrschte und sie in Angst und Schrecken versetzte.

Das alte Zollhaus

Sabrina hatte ihr ganzes Leben schon immer wieder „Besuch" aus dem Jenseits. Sie spürte, wenn sich einer dieser besonderen Besucher näherte. Dies äußerte sich meist durch ein seltsames elektrisierendes Kribbeln und das Gefühl, beobachtet zu werden. Doch es blieb nicht nur bei einem bloßen Gefühl, denn als sie vor eineinhalb Jahren mit ihrem Freund in eine neue Wohnung zog, erlebte sie Haarsträubendes.

„Wir sind in eine Wohnung in einem alten Zollhaus gezogen. Sie befindet sich im obersten Stockwerk, darunter war früher einmal das Gefängnis. Von Anfang an hatte ich im Schlafzimmer – und nur dort - immer das Gefühl, als ob wir nicht alleine wären. Ich traute mich nicht einmal, es meinem Freund zu erzählen, aus Angst davor, für verrückt gehalten zu werden. Im Laufe der Zeit wurde das Gefühl, nicht alleine zu sein, immer intensiver. Dann begann eine schlimme Zeit für mich. Ich wachte nachts um genau 3 Uhr auf und als ich mich zur Bettkante drehte, stand da plötzlich ein Mann. Ich sah ihn ganz deutlich. Er war recht groß und trug eine Art Uniform mit einer altmodischen Knopfleiste sowie eine eckige Kappe auf dem Kopf. Es war extrem unheimlich, besonders da ich ihn so klar und deutlich vor mir sah. Die Gestalt sah im Dunkeln graubläulich aus. Nur das Gesicht sah man nur in Umrissen. Diese Erscheinung hatte ich von nun an mindestens zweimal in der Woche. Immer wachte ich um 3 Uhr auf und da stand er wieder neben meinem Bett, direkt an der Bettkante und ich sah zu ihm hoch. Ich wusste nicht, was er von mir wollte. Die meisten Nächte verbrachte ich schließlich auf der Couch im Wohnzimmer, nur um ihn nicht sehen zu müssen. Tagsüber versuchte ich herauszufinden, ob es vielleicht einer meiner Vormieter sein könnte, doch ich konnte keine Hinweise finden. Mittlerweile bin ich der Ansicht, dass es vielleicht ein alter Zöllner gewesen sein könnte, der in dem Haus einst gewohnt und gearbeitet hatte. Nach einigen Wochen hielt ich es dann nicht mehr aus. Ich erzählte alles meinem Freund und meinte, entweder es hört jetzt auf, oder ich ziehe aus. Auch einer Freundin erzählte ich die Geschichte in meiner Verzweiflung. Sie sagte, wir sollten doch die Wohnung ausräuchern und sie würde das mit mir zusammen tun. Wir machten uns also an die Arbeit und räucherten die gesamte Wohnung aus. Danach spritzten wir noch Weihwasser in jedes Zimmer und forderten den Mann auf, die Wohnung zu verlassen. Nach dieser kleinen Zeremonie hatten wir etwa ein Jahr lang unsere Ruhe - keine ungebetenen nächtlichen Besucher mehr, kein Aufwachen um 3 Uhr. Doch vor etwa einem halben Jahr stand der Mann wieder plötzlich um 3 Uhr an meinem Bett. Ich fragte mich, was er denn nur immer wieder von mir wolle? Nun begannen mein Freund und ich auch immer häufiger deutliche Schritte auf dem Dachboden über uns zu hören. Doch wenn wir nachsahen, war niemand zu sehen - auch keine Tiere. Der Dachboden war der einzige Ort, an dem wir damals nicht geräuchert hatten und ich hatte immer das Gefühl, es seien noch etliche andere dort, die uns beobachteten. Dort gab es auch noch viele alte Gegenstände früherer Mieter und Hausbesitzer. Wieder räucherte ich die Wohnung und diesmal auch den Dachboden aus. Es war ein unheimliches Gefühl, als ich mit dem Räuchergefäß in Richtung Dachboden stieg. Danach war es aber viel besser. Es wurde dann auch oben alle alten Gegenstände entfernt. Seit dieser Zeit, es ist jetzt etwa ein halbes Jahr her, ist wieder Ruhe eingekehrt. Ich habe den Zöllner nicht mehr gesehen und auch keine Schritte mehr gehört."

Das Zimmer

Frau I. W. hat ebenfalls so einige Erlebnisse zum Thema Spuk zu berichten. „Wir haben uns im Dezember 2002 in einem kleinen Dorf ein Haus gekauft, einen kleinen Bauernhof. Vom Besitzer und einigen Nachbarn wissen wir, dass unser Haus einst einen Glockenturm hatte. Es wurde zuletzt von der Mutter und einem leicht behinderten Onkel des Besitzers bewohnt. Danach wurde das Haus vermietet, bis wir es dann schließlich gekauft haben. Im März 2003 sind wir eingezogen und haben es uns gemütlich gemacht. Meine Tochter hat ihr eigenes Zimmer bekommen. Damals war sie drei Monate alt. Als wir schon eine Weile im neuen Haus wohnten, gab es die ersten seltsamen Erlebnisse. Mein Mann kam ein paar Mal von der Arbeit nach Hause und roch in der Küche frisch gebackenen Kuchen. Groß war die Enttäuschung, als er erfuhr, dass es keinen Kuchen gab. Ich war den ganzen Tag nicht zuhause gewesen und hatte nicht gebacken.

Nach einer Weile wollte ich unsere Tochter an ihr neues Zimmer gewöhnen, aber leider ohne Erfolg. Jedes Mal, wenn sie in ihrem Zimmer lag, schrie sie wie am Spieß. Wenn sie am Arm einschlief und man legte sie tagsüber in ihr Zimmer, dauerte es keine 2 Minuten und sie war hellwach und schrie sich die Seele aus dem Leib. Ich dachte mir, vielleicht passt ihr das Bettchen nicht und stellte es um. Doch keine Chance, sie blieb nicht im Zimmer, auch nicht tagsüber. Dann bekamen wir unseren Hund. Er mochte das Zimmer komischerweise auch nicht. Ein paar Mal hatte er nachts gebellt. Ich sah nach und er bellte immer in die Richtung des Zimmers meiner Tochter. Irgendwann ging ich nachts ins Zimmer, um nach dem Rechten zu sehen. Ich hörte im leeren Raum deutlich etliche verschiedene Stimmen reden. Die Fenster waren aber zu und die Nachbarn waren auch nicht in der Nähe.

Im Jahre 2003 haben wir geheiratet und am Polterabend bekamen wir von Freunden ein sehr großes Engelsbild geschenkt. Weil wir nicht wussten, wohin wir es hängen sollten, haben wir es im Wohnzimmer auf den Kachelofen gestellt. Da stand es fest – für ein paar Wochen.

Dann plötzlich fielen unsere Bilder alle von den Wänden, darunter unser Hochzeitsbild und Fotos von unserer Tochter. Der Hund verhielt sich übrigens immer noch komisch und die Tochter wollte ihr Zimmer immer auch noch nicht. Schließlich flog das Engelsbild vom Kamin. Mein Mann saß auf der Couch und ich nahm unsere Tochter und ging in die Küche, als es plötzlich einen riesigen Knall gab. Unser Hochzeitsfoto flog tatsächlich ein zweites Mal von der Mauer und mein Mann meinte, er hätte gesehen wie jemand das Engelsbild regelrecht vom Kachelofen runter geworfen hätte. Doch nicht nur das: alles, was am Kachelofen gestanden war - Figuren, Kerzen und Bilder - alles war zu Bruch gegangen. Allein das gerahmte Bild meiner Oma, die bereits seit 20 Jahren tot war, war ganz geblieben. Es war meinen Mann direkt vor die Füße geflogen, ohne dass es kaputt gegangen wäre. Irgendwann kam uns dann der Gedanke, dass es etwas mit dem Zimmer zu tun haben muss. Wir haben deshalb mit der Nachbarin gesprochen und ihr alles erzählt. Sie meinte daraufhin, dass in diesem Zimmer der Onkel des ehemaligen Hausbesitzers gelebt hatte und dass die übrigen Hausbewohner damals immer neidisch waren, weil er das schönste Zimmer vom ganzen Haus bewohnte. Wir haben daraus mittlerweile ein Esszimmer gemacht und seitdem ist auch Ruhe bei uns im Haus. Ich glaube, er wollte sein Zimmer mit niemandem teilen."

Angriff aus dem Nichts

Frau Verena S. wurde von ihrem geisterhaften Mitbewohner ziemlich brutal behandelt. Sie erzählt: „Vor drei Jahren, also 2011, ist mir etwas passiert, das ich mir bis heute nicht erklären kann, egal wie oft ich darüber nachdenke.

Ich bin damals mit meinen zwei Söhnen in eine Zwei-Etagen-Wohnung gezogen. In der zweiten Etage war mein Schlafzimmer - direkt unter dem Dach. Es war das einzige Zimmer dort oben, alle anderen befanden sich auf der unteren Ebene.

Eines Tages lag ich nachts mit meinem damaligen Freund im Bett. Wir schliefen tief und fest. Plötzlich wachte ich jedoch vom Geräusch der laut knarrenden Holztreppe auf. Ich dachte sofort, es seien die Kinder, die in der Wohnung herumlaufen und jeden Moment hier im Schlafzimmer stehen würden. Da aber keiner erschien, stand ich auf, um nach ihnen zu sehen. Im Vorbeigehen machte ich noch das Dachfenster auf, da es sehr heiß und stickig war. Als ich dann nach unten kam, war alles dunkel und nichts mehr zu hören. Ich bin dann ins Kinderzimmer, um zu schauen, ob sie schlafen würden - und ja, es war alles ruhig, die beiden schliefen tief und fest. Ich dachte mir „OK, Holz arbeitet nun mal. Gehste wieder ins Bett." Es war ja schließlich nichts weiter. Also bin ich wieder die Treppe hoch und legte mich ins Bett. Nach ein paar Minuten wurde mir richtig kalt, also bin ich aufgestanden und habe das Fenster wieder zu gemacht. Doch so im Nachhinein frage ich mich, wovon mir denn kalt geworden war. Draußen hatte es bestimmt noch 24 Grad gehabt. Ich wollte mich dann gerade umdrehen und wieder in Richtung Bett, als ich einen dumpfen Schmerz auf meinem Brustkorb spürte. Da flog ich auch schon rückwärts aufs Bett und rollte rechts herunter, weil die Matratze mich zurück federte. Ich lag dann total verdutzt am Boden und schaute zum Fenster. Doch an der Stelle, an der mich eben noch jemand heftig geschubst hatte, war nichts zu sehen.

Jetzt wurde auch mein damaliger Freund von der Aktion wach, schaute vom Bett auf mich herunter und fragte mich, was das gerade war. Ich hatte jedoch selbst keine Ahnung. Nach einer Weile stand ich auf, legte mich zu ihm ins Bett und schlief wieder ein.

Am nächsten Morgen fragte er mich dann noch einmal, was ich denn nachts so Seltsames getrieben hätte und warum ich denn rückwärts aufs Bett gesprungen wäre. Ich hab ihn nur angesehen und mir gedacht „*OK, das war also kein Traum.*" Dann habe ich ihm das Ganze erzählt, doch wir konnten keine Erklärung dafür finden. Wir haben auch vieles ausprobiert, z.B. versucht, die Situation nachzustellen, aber nichts war auch nur annähernd so wie dieses Erlebnis." Danach hat Verena nicht mehr sehr oft in der Wohnung geschlafen und sie sind auch bald ausgezogen.

Das Mädchen

Frau K. hatte unlängst ebenfalls eine Begegnung der unheimlichen Art. „Es geschah, als ich im Haus meines Vaters übernachtet habe. Ich war dort ganz allein und lag schon schlafend im Bett. Ich habe aber recht unruhig geschlafen. Plötzlich bin ich dann aufgewacht und hatte richtig Herzrasen. Es war mir so, als hätte jemand laut gerufen. Neben dem Bett habe ich dann den Umriss eines Mädchens gesehen. Der Umriss war allerdings nicht wie bei einem Schatten, sondern er leuchtete irgendwie.

Ich habe dann ein paar Minuten dahin gestarrt und versucht, wieder normal zu atmen. Dann war es weg. Ich bin immer noch nicht sicher, ob mich der Geist vielleicht geweckt hat oder es ein sehr lebhafter Traum war.“

Das Pfarrhaus

Danielle hat am eigenen Leibe erfahren, was ein Spukhaus mit seinen Bewohnern anrichten kann. „Vor 14 Jahren, als ich ein Teenager war, haben meine Eltern ein Haus gekauft. Es war ein ehemaliges Pfarrhaus, etwa 100 Jahre alt, und stand zwischen der Kirche und dem Friedhof. Bei jeder Beerdigung ging die komplette Trauergemeinde samt Sarg am Haus vorbei. Und wenn ich aus meinem Zimmerfenster blickte, hatte ich freie Sicht auf rot leuchtende Grablichter. Im Keller des Hauses hingen noch die Kreuze des Pfarrers, die nie jemand abgenommen hatte.

Kurz nach unserem Einzug war bereits zu merken, dass sich die Stimmung innerhalb der Familie schlagartig veränderte. Es waren plötzlich alle sehr aggressiv aufeinander und es gab nur noch heftigen Streit. Besonders mein Vater veränderte sich drastisch. Es war oft ein Glänzen in seinen Augen zu sehen, er muss voller Wut gewesen sein und er schien manchmal wie besessen. Einmal hat er meiner Mutter im Wahn fast die Rippen gebrochen, weil er einen Tisch umzuwerfen versuchte. Zudem begann er plötzlich alles, was nur ging, abzuschließen: Schränke, Türen etc. Es gab immer mehr seltsame Vorfälle im Haus, die sich aber nur im oberen Stockwerk abspielten. Gegenüber meinem Zimmer war die Dachbodentür, die normalerweise nur aufging, wenn man fest daran zog. Doch nachts ging sie plötzlich immer öfter von alleine auf. Sie wurde dann immer von uns geschlossen, ging aber wieder auf. Zudem erzählte meine Schwester mir, dass sie oft gedacht hat, es sei noch jemand im Haus anwesend. Unser kleiner Bruder, damals erst 4, erzählte von seinem unsichtbaren Freund, der immer da war und für den auch meine Mutter am Tisch mit eindecken musste. Meine Mama berichtete auch von Abenden, an denen sie alleine im Haus war und bereits im Schlafzimmer, als sie jemanden um ihr Bett schleichen hörte. Sie hat dann nach mir gerufen, weil sie dachte, ich würde ihr einen Streich spielen, doch ich war zu der Zeit nicht in der Nähe. Zudem erzählte sie von einem kalten Hauch, den sie immer wieder spürte, obwohl alle Fenster und Türen geschlossen waren. Dieser kalte Luftzug war manchmal so stark, dass sogar die Handtücher im Bad hin und her wehten. Auch unzählige Geräusche, die sich keiner erklären konnte, waren im Haus zu hören, z.B. deutliche Schritte und das Quietschen der Dachbodentreppe, so als ob jemand darauf hochgelaufen wäre. Und immer hatte man das Gefühl, beobachtet zu werden.

Alle Haustiere, die wir in dieser Zeit hatten, verstarben auf mysteriöse Weise. Die Situation spitzte sich immer weiter zu und mit 15 versuchte ich mir schließlich das Leben zu nehmen. Nach nicht einmal zwei Jahren sind wir dann aus dem Haus ausgezogen und meine Eltern trennten sich. In der neuen Wohnung war alles ganz anders. Mein kleiner Bruder spielte nicht mehr mit seinem unsichtbaren Freund und sogar meine Eltern kamen dort wieder zusammen." Es sieht so aus, als hätte die Familie den bösen Geist zurückgelassen und Frieden gefunden.

Spuk am Arbeitsplatz

Doch nicht nur im eigenen Zuhause trifft man scheinbar häufiger auf unerwünschte geisterhafte Bewohner. Frau O. und ihre Kolleginnen hatten Anfang des neuen Jahrtausends am Arbeitsplatz eine Reihe seltsamer Vorfälle. „Ich hatte nach Feierabend noch eine Kundin und bereitete meinen Arbeitsbereich vor. Plötzlich hörte ich etwas Gläsernes zu Bruch gehen. Ich schaute nach, konnte aber nichts finden. Morgens stellte ich fest, dass eine größere Apothekerflasche, die ziemlich stabil ist, einfach so explodiert ist. Die Scherben waren überall im Regal verteilt. Es konnte kein Sprung im Glas solche Scherben hervorrufen, aber es war eine Flüssigkeit drin. Ich informierte mich bei unserem Hersteller, ob sich die Flüssigkeit ausgedehnt haben könnte, […] doch der Ausdehnungspunkt liegt bei ca. 240 Grad. Sie konnten sich das auch nicht erklären. Selbst dann hätte die Flüssigkeit genug Platz gehabt. Die Flasche befand sich meterweit von dem nächsten Heizkörper entfernt und stand in der dunkelsten Ecke, die wir im Laden hatten."

Es gab daraufhin noch weitere Erlebnisse, die Frau O. ungewöhnlich vorkamen:

„Meine Mitarbeiterinnen und ich waren in einer der Kabinen und zum Zeitpunkt die einzigen im Geschäft. Zur gleichen Zeit ging in der anderen Kabine eine der Schranktüren auf und knallte mit voller Wucht wieder zu. Die Türen waren eigentlich recht schwer zu öffnen und damit sie so zuknallen konnten, brauchte es Kraft."

Doch damit nicht genug, auch die Technik schien plötzlich verrückt zu spielen. „Meine Kollegin und ich waren hinten im Aufenthaltsraum, als die Kasse anfing, grundlos zu piepen. Sie piepte nur dann, wenn man auf den falschen Knopf gedrückt hatte. Ich ging nach vorne, schaute nach, machte die Kasse aus. Ging wieder nach hinten, wieder fing sie an zu piepen. Ich ging nach vorne, machte sie wieder aus. Ging nach hinten, es piepte schon wieder. So etwas war weder vorher noch jemals nachher passiert."

„Der Laden hatte eigentlich noch geschlossen, das Licht im Verkaufsraum war immer um diese Uhrzeit noch aus. Meine Kundin war da und ich schloss ihr auf, und führte sie zu den Kabinen. Dabei schaute ich noch mal nach hinten und sah, dass das Licht an und der ganze Laden beleuchtet war. Um die Kundin nicht zu verunsichern, ließ ich mir nichts anmerken. Zu dem Zeitpunkt war außer uns beiden niemand mehr im Laden. Als ich aus der Kabine wieder herausging, war das Licht aus."

„Zwischendurch waren Geräusche zu hören, die aus den Kabinen zu kommen schienen oder es hörte sich an, als ob etwas umfällt. Teilweise kriegten es auch die Kunden mit und wunderten sich, wenn ich ihnen sagte, dass wir allein im Laden seien. Außerdem berichtete mir wiederholt meine Kollegin, dass sie Schatten im Laden gesehen habe, obwohl ich nie so ein Thema angeschnitten hatte." „Ich fühlte mich hier […] beobachtet, jedoch nur dann, wenn der hintere Teil des Geschäftes abgedunkelt war."

„Meine zweite Kollegin war allein im Laden und arbeitete in einer der Kabinen, [als] sie hörte, wie vorne die Tür aufging und das Klangspiel zu hören war. Sie ging nach vorne, um den angeblichen Kunden zu bedienen, doch es war keiner im Laden." Niemand konnte jedoch sagen, wer der geheimnisvolle Verursacher all dieser Phänomene gewesen sein könnte. Auch ist nicht bekannt, ob die Vorfälle noch weitergingen, nachdem Frau O. dort ihr Arbeitsverhältnis beendet hatte.

Gestalt im Pferdestall

Frau W. und ihr damaliger Freund F. betrieben vor 2 Jahren gemeinsam eine Pferdezucht auf einem alten Bauernhof. An einem Vormittag im August ereignete sich ein Vorfall, den F. wohl nie vergessen wird. Als er den Hauptstall betrat, bemerkte er, dass die Pferde unruhig waren und sich irgendwie seltsam benahmen. Besonders unruhig war der Deckhengst, der ständig stieg und buckelte. Als der junge Mann zu ihm blickte, sah er in 2 m Entfernung eine etwa 1,60 m große Gestalt, die in eine Art Staubwolke gehüllt war. Die Gestalt blieb etwa 3-4 Sekunden an derselben Stelle, dann sprach der junge F. sie an und fragte „was willst du eigentlich?" woraufhin sie verschwand, die Staubwolke sank in sich zusammen. Gleichzeitig knallte die Boxentür und es war ein wütender Schrei zu hören. Doch es geschahen noch einige weitere seltsame Dinge. Alle, die auf dem Reiterhof arbeiteten, spürten eine plötzliche unerklärliche Kälte oder Atem im Nacken und sehr oft fühlte man sich beobachtet. Frau W. bringt die Geschichte einer Hexenverbrennung, die vor langer Zeit auf dem Hofareal stattgefunden hatte, damit in Verbindung. Sie schreibt: „Es wurde wohl eine schwangere Frau verbrannt, die von dem verheirateten Hofbesitzer geschwängert worden sein soll. Sie soll wütend gewesen sein und gedroht haben, sollte man sie umbringen, würde niemand an diesem Hof mehr glücklich werden dürfen." Außerdem erwähnte Frau W., der Hof brenne ziemlich genau alle 100 Jahre nieder (zuletzt 1994). Nachtrag: Seit der Trennung Frau W.'s von ihrem Freund haben sich die Dinge auf dem Hof in jeder Hinsicht geändert. Sie schreibt: „Die Vorfälle haben [...] aufgehört, nachdem ich mich von meinem Freund getrennt habe. [...] seit dem passiert nichts mehr und ich fühle auch nur noch angenehme Anwesenheiten."

Unheimliche Erlebnisse beunruhigten die Bewohner des Gestüts.

Nachts im Entsorgungszentrum

Herr Jan Goldhorn arbeitete einige Jahre als Wachmann in einem Entsorgungszentrum. Obwohl man es von einem derartigen Ort nicht erwarten würde, kam es im Laufe der Zeit wiederholt zu unheimlichen Vorfällen, von denen uns Herr Goldhorn freundlicherweise zwei mit uns geteilt hat. An einem Spätsommertag des Jahres 2009 begann Herr Goldhorn um 1.30 Uhr nachts wie gewohnt seine Streife. „Ich habe erst die Außenanlage bestreift und ging dann so gegen 02.10 Uhr in die Sortierhalle. Ich kletterte erst auf die Sortiertrommel und scannte meinen Stechpunkt. Als ich wieder von der Trommel runter stieg, schoss mir urplötzlich der Gedanke in den Kopf *"Du bist nicht allein"*. Ich wollte den Gang weitergehen, als ich dann merkte, dass etwas Eisigkaltes durch mich durch ging." Doch Herr Goldhorn erholte sich schnell wieder von diesem Erlebnis. Er setzte seinen Kontrollgang fort und kam an eine Tür, die geöffnet und vor dem Zufallen gesichert war. „Ich ging hindurch und plötzlich knallte eben jene Tür mit aller Gewalt zu, als ob irgendwer sehr wütend sei. Es war niemand zu sehen, ich merkte aber ich bin nicht allein. Auf jeden Fall war ich in dieser Runde sehr schnell aus der Halle raus und das mit Herzklopfen." Um 4 Uhr nachts musste Herr Goldhorn erneut einen Kontrollgang durch eben jene Halle machen. Doch diesmal war die Atmosphäre vollkommen verändert. Er fühlte diesmal keine weitere Anwesenheit und alles blieb ruhig. Der Spuk war für dieses Mal vorbei - doch keineswegs für immer. Der im Folgenden geschilderte Vorfall ereignete sich 3 Jahre später, ebenfalls auf dem Gelände der Entsorgungsanlage. „Ich kann mich auch an das Datum erinnern, es war in der Nacht vom 10. auf den 11. November 2012. Ich bin gegen 23.30 Uhr zur Streife gestartet. Ich habe erst die Sortieranlage bestreift und anschließend das hintere Gelände, wo die Entsorgungsfahrzeuge stehen. Es war eine klare und ruhige, aber frische Nacht. Als ich dann diese Streifengebiete geschafft hatte, bin ich zu meinem Auto, um die nächste Strecke [...] abzufahren, denn es ist ein großes Gelände. Als ich dann an der Umschlaganlage angekommen war, habe ich erst einmal das Auto abgestellt und die Anlage kontrolliert. Ich bin ins Auto zurück und wollte starten, da hörte ich ein Geräusch, als wenn hinter mir jemand sitzen würde und demjenigen etwas Schweres weggefallen ist. Ich bin wie ein Wilder aus dem Auto ausgestiegen und habe, meinen Schlagstock griffbereit, die hintere Tür aufgerissen... es war nichts zu sehen. Auch unter dem Auto nachgeschaut... auch nix. Ich muss sagen, dass ich Gänsehaut hatte und mir wurde auch etwas kalt. Mittlerweile war es 00.30 Uhr und ich bin irritiert weitergefahren und habe dann auch die anderen Kontrollstellen angefahren, alles soweit in Ordnung." Herr Goldhorn setzte seine Patrouille fort. Er fuhr zur Schadstoffsammelstelle und stellte sein Fahrzeug dort ab. Zu Fuß ging er dann in Richtung Haupttor. Beinahe am Tor angekommen, hörte er plötzlich ein dumpfes Hämmern. „Ich drehte mich um, schaute, sah aber nix. Ich nahm den Stechpunkt ab und lief zügig zum Auto, denn dort ist auch der Eingang zum Schrottplatz. Ich dachte, dort wären unbefugte Personen, jedoch hätte dann der Bewegungsmelder ausgelöst und das war nicht der Fall. Also ging ich wieder in mein Auto und fuhr wieder zur Base. Als ich ausstieg, hörte ich wieder ein Hämmern. Es war definitiv auf dem Gelände. Dann hörte ich wie eine megagroße Stahltür zuschlug, es gab einen Knall." Doch auf dem Gelände gab es keine Stahltüren und besonders keine solch massiven Großen, die ein derartiges Geräusch hätten machen können. „Mir war eisig kalt und dann habe ich gehört wie eine große Person dunkel sagte "Hmmmmmm...." Es war niemand zu sehen... Und es muss eine wirklich große Person gewesen sein denn es war irgendwie über meinem Kopf..." Gegen 1.30 Uhr war dann wieder alles ruhig. Auch die folgenden zwei Streifen blieben ohne Vorkommnisse.

Doch nicht nur Herr Goldhorn hatte auf dem Gelände seltsame Erlebnisse. Auch ein Kollege berichtete von ungewöhnlichen Vorfällen. Als dieser z.B. nachts einmal an einem abgestellten Entsorgungsfahrzeug vorbeiging, fingen plötzlich die

Scheibenwischer an, sich von alleine zu bewegen. Herr Goldhorn hatte Gerüchte von Anwohnern gehört, dass sich an der Stelle der Entsorgungsanlage in früherer Zeit ein anderes Gebäude befunden haben soll. Auf dem Gelände war einst ein kleines Fischerdorf. Ob die Vorfälle vielleicht damit im Zusammenhang stehen könnten?

Das Phantom der Lagerhalle

Frau Sarah H. erzählte mir eine Geschichte aus ihrer Kindheit. Zusammen mit ihrem jüngeren Bruder spielte sie manchmal in der Firma ihrer Großeltern. Diese hatten eine Lagerhalle, in der auch Produkte abgefüllt wurden. Eines Tages, die Erwachsenen waren gerade wieder mit Abfüllarbeiten beschäftigt, liefen die beiden Kinder, damals im Grundschul- bzw. Kindergartenalter, durch eine Tür in einen großen Lagerraum. Plötzlich sahen sie an der gegenüberliegenden Wand den Schatten eines hageren Mannes mit Hut, etwa 2 m groß. Der Schatten schien ihnen aufgrund des hellen Neonlichtes und der Tatsache, dass sonst niemand in der Nähe war, unerklärlich und erschreckte die Kinder. Sarah erzählt: „Als er [der Schattenmann] uns dann bemerkt hatte, ist er losgerannt und durch eine Tür durch, die aber verschlossen war." Die Kinder, die sich vom ersten Schrecken wieder erholt hatten, waren neugierig und liefen dem Schatten hinterher. Als sie die Tür aufgeschlossen hatten und in den nächsten Raum eingetreten waren, in den Tageslicht fiel, war niemand mehr zu sehen. Der Schattenmann war so plötzlich verschwunden wie er aufgetaucht war.

Der gute Geist des Kindergartens

Die folgende Geschichte begann vor etwa 8 Jahren in einem Kindergarten in der Oberpfalz. Die Geschichte stammt von der Kindergärtnerin A. H., die die Vorfälle selbst miterlebt hat.

Besagter Kindergarten sollte erweitert werden und so baute man einen Annex, auf dem angrenzenden Gelände, direkt neben der Kirche. Nach Beginn der Bauarbeiten tauchten plötzlich Skelette auf: man hatte einen alten Friedhof entdeckt. Doch wurden die Arbeiten keineswegs eingestellt. Nein, man begann einfach, die ausgegrabenen Knochen zu sammeln und arbeitete weiter. Die Kinder spielten dann im Garten mit den Skeletten, nahmen teilweise auch Knochen im Plastikbeutel oder der Brotzeitdose mit nach Hause. Die Eltern brachten diese dann wieder zurück, damit sie vernünftig beigesetzt werden konnten. So geschah es dann auch, wenn auch vielleicht nicht ganz so, wie die Eltern sich das vorgestellt hatten. Der sehr pragmatische Pfarrer sammelte alle Skelette, von Frauen, Männern und sogar Kindern, in einem großen Sack und ließ ihn unter dem Fundament des Kindergartenanbaus beisetzen. Auf diesem Fundament entstanden bald Kinderkrippe und Schlafraum des Kindergartens. Der Bau wurde eingeweiht und es vergingen die ersten 2-3 Wochen in normaler Routine. Doch dann begannen die seltsamen Vorfälle. Die Kindergärtnerinnen saßen in einem Raum neben dem Schlafraum der Kleinen, um sofort zu hören, wenn eines der Kinder aufwachen würde. Sie hatten ein Babyphon an. Irgendwann hörten sie das Weinen eines Kleinkindes. Daraufhin stand eine der beiden Erzieherinnen auf, um nach den Kindern zu sehen. Doch als sie den Schlafraum betrat, war alles still. Die Kinder schliefen alle tief und fest. Dieser Vorfall wiederholte sich mehrmals. Nach dem dritten Mal dachte sie sich, dass vermutlich ein anderes Babyphon aus der Nachbarschaft den Empfang stören würde. Sie erkundigte sich daraufhin bei der Kollegin, wo denn die nächste

Familie mit Kleinkindern wohnen würde. Doch scheinbar gab es in der näheren Umgebung keine anderen Babymonitore, die den Empfang hätten stören können.

Sie schaltete dann dennoch das Gerät aus und spitzte die Ohren, um die Kinder auch ohne den Babywächter zu hören. Doch wieder hörte sie das Weinen und wieder war im Schlafraum alles ruhig. Sie begann an ihrem Verstand zu zweifeln. Doch es erging nicht nur ihr über Monate hinweg so, sondern auch ihren Kolleginnen. Sogar einige der Eltern hörten es und machten, als sie ihr eigenes Kind abholten, eine diesbezügliche Bemerkung: „Hört ihr, da schreit eines eurer Kinder." Doch es waren zu diesem Zeitpunkt keine anderen Kinder mehr im Haus.

So langsam schlich sich im Kollegium der Verdacht ein, es könnte vielleicht spuken und mit den Skeletten in Zusammenhang stehen. Sie wandten sich hilfesuchend an den Pfarrer. Dieser aber tat das Ganze als Spinnerei ab und sagte ihnen nur: „Vielleicht braucht ihr einfach ein bisschen Urlaub?" Danach trauten sich die Kindergärtnerinnen nie mehr mit Außenstehenden darüber zu reden. Sie arrangierten sich mit ihrem Kindergartengeist und sagten ihm: „Bitte schrei nur noch, wenn einem der Kinder Gefahr droht, ansonsten nicht mehr, weil uns das sehr stört." Seit dieser Zeit war das Weinen nur mehr sehr selten zu hören, z.B. meldete sich der kleine Geist direkt vor einem Kruppanfall eines Kindergartenkindes. Sie nahmen also an, es wäre eine Art Schutzgeist für die Kinder. Die Erzählerin hat damals auch auf dem Gelände des Kindergartens gewohnt. In ihrer Wohnung passierten ebenfalls immer wieder unheimliche Dinge, z.B. gingen die Lichter oft von alleine an, die Wasserhähne hörten nie auf zu tropfen, obwohl der Klempner keine Ursache entdecken konnte und sie hörte sehr oft ein unerklärliches Klopfen in der Wohnung. Da ihr das Ganze irgendwann zu unheimlich wurde, kündigte sie dann ihre Stelle und zog aus. Die Vorfälle sollen noch immer andauern.

Kapitel 2 Grüße aus dem Jenseits

Viele der Zuschriften, die ich erhalten habe, drehen sich auch ums Abschiednehmen von lieben Verstorbenen. In den folgenden Geschichten geben sie ein letztes Zeichen aus dem Jenseits, trösten ihre Angehörigen oder brauchen selbst noch etwas Zeit, bevor sie endgültig auf die andere Seite wechseln. Diese teils traurigen, teils tröstlichen Geschichten wurden mir sowohl von Damen als auch einigen Herren aus verschiedenen Ecken des deutschsprachigen Raumes zugeschickt.

Der Unfall

Doreen Lendbeck hat eine besonders anrührende Abschiedsgeschichte zu berichten. „Meine Geschichte ist wahrscheinlich nicht unbedingt eine typische Geistergeschichte, aber unheimlich war es schon." An einem verregneten Sonntagmorgen geschah das Unfassbare – ein undenkbarer und grausamer Einschnitt in ein harmonisches Familienleben. Doreens Bruder war in einem auf sie registrierten Auto unterwegs, als er von der Fahrbahn abkam und in voller Wucht gegen einen Baum prallte. Er wurde mit dem Notfallhubschrauber in ein Krankenhaus geflogen. Wenig später stand die Polizei vor Doreens Tür, um ihr die tragische Nachricht zu überbringen. Erst qualvolle 30 Minuten später teilte man ihr auf dem Polizeirevier mit, wo ihr Bruder hingebracht worden war und überreichte ihr eine weiße Tüte mit den blutgetränkten, zerschnittenen Sachen ihres Bruders. Doreens damaliger Freund fuhr sie daraufhin zu ihm. Sie war verständlicherweise sehr nervös und fragte andauernd, wie weit es noch sei. Als das Navigationsgerät noch 20 Minuten anzeigte, passierte etwas, das Doreen ihr ganzes Leben nicht vergessen wird. „Beinah im selben Moment spürte ich eine Hand auf meiner Schulter. Ich drehte mich um und sah ihn sitzen. Er verabschiedete sich von mir. Er war einfach da, schaute mich an und die Wärme seiner Hand zog durch meinen Körper. Wir hielten an und ich weinte." Etwas später erreichten sie das Krankenhaus. Dort teilte ihr der zuständige Arzt mit, ihr Bruder sei vor etwa zwanzig Minuten verstorben. „Noch heute bekomme ich beim Schreiben dieser Zeilen eine Gänsehaut und spüre ihn als wäre es gestern gewesen. Ich werde ihn nie vergessen."

Kontakt zur Todesstunde

Eine weitere Abschiedsgeschichte teilte mir Frau S. mit. Als sie etwa 5 Jahre alt war, verstarb die Lieblingstante ihres Vaters. Sie hatte öfter auf das kleine Mädchen aufgepasst, da ihre Eltern beide berufstätig waren. Zwei Tage vor dem tragischen Ereignis, hatte der Vater von Frau S. ein seltsames Erlebnis. Nachts schreckte er plötzlich aus dem Schlaf hoch und war vollkommen verängstigt. Er schrie so laut und panisch, dass das kleine Mädchen es noch in ihrem Kinderzimmer hören konnte und selbst Angst bekam. „Ich ging daraufhin zu meiner Zimmertür und lugte vorsichtig durch einen schmalen Spalt nach draußen in den Flur. Genau gegenüber befand sich das Elternschlafzimmer und ich hörte meinen Vater aufgeregt erzählen, er sei durch einen eiskalten Schauer geweckt worden – ein Gefühl als wäre er unter einer kalten Dusche gestanden." Den Traum konnte er auch am nächsten Tag nicht ganz aus seinen Gedanken verdrängen. Es war ihm alles sehr real vorgekommen.

An diesem Tag wurde er zunehmend unruhiger. Er hatte seit 2 Tagen nichts mehr von seiner alten Tante gehört, die sich sonst fast täglich meldete. Er versuchte sie dann selbst einige Male anzurufen, doch ging niemand ans Telefon. Seine Sorge um die alte Dame wuchs stetig. Am Tag darauf fand er schließlich die Telefonnummer der Wohnungsnachbarin seiner Tante heraus und fragte diese, ob ihr etwas aufgefallen sei und wann sie seine Tante zum letzten Mal gesehen hatte. Die Nachbarin meinte daraufhin, es sei in der Tat schon ein paar Tage her, seit sie sie gesehen hatte. Und daraufhin ging sie zur Wohnungstür der alten Dame, wo sich mittlerweile Zeitungen und Prospekte häuften. Niemand öffnete auf ihr Klingeln und Klopfen. Als er das hörte, eilte der Vater von Frau S. sofort in Richtung ihrer Wohnung. Leider hatte er Schwierigkeiten, hinein zu gelangen, da er keinen Schlüssel besaß und die Wohnungstür verschlossen war. Daraufhin kletterte er in einer wagemutigen Aktion durch das winzige Badezimmerfenster im 1. Stock des Mehrfamilienhauses, mit Hilfe einer geliehenen Leiter. Bei dieser Unternehmung wäre er fast selbst verunglückt.

In der Wohnung war alles dunkel und still, alle Vorhänge waren geschlossen, obwohl es heller Nachmittag war. Niemand antwortete auf seine Rufe. Zu diesem Zeitpunkt nahm er bereits das Schlimmste an. Er suchte zuerst im Schlafzimmer - doch vergeblich. Auch im Wohnzimmer war nichts zu sehen. Dann sah er sie bereits durch die geöffnete Küchentür in einer großen Blutlache liegen. Sie lag - zu diesem Zeitpunkt schon fast 2 Tage - direkt vor ihrem großen Asthmainhalator, den sie leider in ihrer großen Not nicht mehr erreichen konnte. Knapp vor dem rettenden Ziel war sie zusammengebrochen und qualvoll erstickt. Sie war im Nachthemd, also musste es wohl mitten in der Nacht geschehen sein. Sie hatte eine Asthmaattacke erlitten und es nicht mehr zu ihrem Inhalator geschafft. Den Anblick der geliebten Tante, die schon mehrere Tage in der Küche in ihrem Blut lag, konnte ihr Vater nie wieder vergessen. Vielleicht war der lebhafte Traum, von dem er nachts um die Todesstunde seiner Lieblingstante geweckt wurde, eine Art Hilferuf an ihn oder ein Abschied - wir werden es nie erfahren.

Besuch aus dem Jenseits

Frau I. F. hat für uns gleich mehrere Erlebnisse zu berichten, die sich um den Abschied von Verstorbenen drehen.

„Meine Mutter hat mir mal erzählt, das sie schon als Kind komische Erlebnisse hatte, aber die Erlebnisse, die ich erzählen möchte, trugen sich zu, als sie schon erwachsen und ich schon auf der Welt war.

Als meine Uroma 1992 gestorben ist, war ich noch recht klein. Ich habe mit meiner Mutter in einer kleinen Zwei- Zimmer-Wohnung gewohnt, und wir schliefen im selben Raum. Ich war schon eingeschlafen und habe nichts mitbekommen. Meine Mutter hat mir die Geschichten auch erst später, als ich schon älter war, erzählt. Sie war noch wach und es war schon spät, als sie plötzlich in der Tür meine Uroma und noch eine zweite Person stehen sah. Sie hatte wahnsinnige Angst, aber ihre Oma sagte nur, sie solle keine Angst habe da sie sich nur verabschieden wollte. Dann war sie wieder weg. Am nächsten Tag war die Beerdigung. Meine Mutter schwört, dass sie wach und das kein Traum war. […]

Die zweite Erscheinung, von der ich weiß, passierte ein paar Jahre später. Meine Mutter war mittlerweile wieder verheiratet und ihr Schwiegervater gestorben. Auch dieser erschien ihr, diesmal in seiner Wohnung. Meine Mutter wurde wach, da der Hund unruhig hin und her lief, sie schaute zur Tür und er stand da, hat aber nichts gesagt. Meine Mutter weckte meinen Stiefvater, aber der meinte nur, sie spinne, und schlief weiter. Meine Mutter ist sich aber sicher, dass auch der Hund sein Herrchen erkannt hatte. Als dann mein Opa (ihr Vater) starb, von dem sie sich leider nicht so wirklich verabschieden konnte, hat sie dafür gebetet, dass er nicht kommt. Ob es geholfen hat? Bis jetzt hat sie ihn nicht gesehen, zumindest hat sie nichts davon erzählt.

Doch nicht nur Frau F.s Mutter hatte unheimliche Erlebnisse, auch sie selbst hat schon ihre Erfahrungen gesammelt: „Als ich noch jünger war, schlief ich gerne und sehr oft bei meiner Oma. An einem Abend wollte ich unbedingt länger aufbleiben und fernsehen. Meine Oma ging ins Bett und meinte nur, dies würde meiner Uroma, (sie war damals schon gestorben) nicht besonders gefallen. Ich weiß nicht, ob das ernst gemeint war, ich jedenfalls nahm sie damals nicht ernst. Ich war also allein in der Wohnküche und schaute mir einen Film an. Vorher hatte ich versprochen, nach dem Film ins Bett zu gehen, wollte aber doch noch den nachfolgenden Film sehen. Dieser lief gerade ein paar Minuten, als ich auf einmal so ein ungutes Gefühl bekam. Ganz plötzlich ging der Fernseher aus und zwar komplett. Sogar der Kippschalter an der Steckdose war aus, ich kann's mir bis heute nicht erklären. Nur meine Oma und ich waren zuhause und die schlief schon, bin gleich zu ihr ins Bett und nicht mehr aufgestanden. Die Steckdose ist neben dem Fernseher und man kann ihn nur manuell umlegen. Hab später meine Oma mal gefragt, und die hat mir erzählt, dass meine Uroma das öfter gemacht hat und zwar dann, wenn man zu lange auf war. Als sie noch gelebt hat, schlief sie immer in der Wohnküche und machte den Fernseher fast immer um dieselbe Zeit aus. Mittlerweile passiert dies aber nicht mehr. Für mich unerklärlich." Frau F. hatte noch ein weiteres unheimliches Erlebnis.

„Als ich dann mal an einem anderen Tag, ein paar Jahre später, bei ihr schlief, ist auch was Komisches passiert. Es war mitten in der Nacht, mein Opa war schon gestorben - damals so ziemlich genau vor einem Jahr, die Schlafzimmertür war offen und man sah in den Flur. Ich hörte draußen Geräusche, jemand suchte etwas. Am Abend vorher hatte meine Oma die Sachen von meinem Opa in Tüten gepackt und in den Gang gestellt. Meine Oma ist in der Hinsicht etwas abergläubisch und meint, man darf die Sachen von Verstorbenen erst nach einem Jahr ausräumen. Jedenfalls waren wir alleine zu Hause und trotzdem war da jemand im Gang. Ich bin mir sicher, ich habe das nicht geträumt und meine Oma zeigte mir am nächsten Morgen ein paar Schuhe, welche am Abend vorher noch verpackt waren und jetzt neben der Tüte standen. Ich glaube das war mein Opa. Meine Oma hat dann die Schuhe noch eine Zeitlang aufgehoben und dann irgendwann verschenkt.

Ich habe zwar noch nie eine Erscheinung, Geist oder so etwas gesehen, denke aber, ich hab schon einen gehört. Ich glaube, es gibt Dinge, die wir einfach nicht erklären können.

Ob meine Mutter wirklich wach war bei ihren Erlebnissen, oder geträumt hat, kann ich nicht sagen, bin mir aber sicher, dass sie davon überzeugt ist, nicht geträumt zu haben. Ob meine Uroma den Fernseher ausgemacht und mein Opa die Schuhe wieder ausgepackt hat, weiß ich nicht. Komisch waren die Erlebnisse für mich alle mal. Eigentlich bin ich froh, noch nichts gesehen zu haben. Auf der anderen Seite bin ich ja schon neugierig, aber wir wissen ja alle... *Vorsicht mit dem, was man sich wünscht:*"

Hilferuf

Petra hat von einem guten Bekannten folgende Geschichte erfahren:
Herr T. wohnt mit seiner Frau in einem Hochhaus. Im Erdgeschoss
des Hauses lebte eine alte Dame, zu der er einen freundlichen losen
Kontakt pflegte. Er sah sie öfter, wenn er das Haus verließ oder
heimkehrte und wechselte ein paar Worte mit ihr.
Eines Tages jedoch fiel Herrn T. auf, dass er die Dame schon lange
nicht mehr angetroffen hatte. Er dachte allerdings nicht weiter
darüber nach, da er wusste, sie hatte noch andere Bekannte, die sich
um sie kümmern können. Es vergingen einige weitere Tage und er
sah beim Vorbeigehen vor der Tür der alten Dame eine junge Frau
stehen, die sehr traurig aussah. Wieder ein paar Tage später stand die
junge Frau erneut vor der Tür und diesmal sprach er sie an und
fragte, ob sie auf der Suche nach jemandem wäre. Die Frau blickte
ihn erschrocken an, sagte aber nichts.
Noch immer hatte Herr. T. die alte Dame nicht zu Gesicht
bekommen und er fragte die Hausmeisterin, ob sie etwas wüsste.
Diese sagte ihm, es sei sicher alles in Ordnung und er solle sich keine
Sorgen machen. Nach einigen weiteren Tagen traf er wieder auf die
junge Frau und sie winkte ihn zu sich. Er fragte sie, ob er ihr
irgendwie helfen könne, doch erhielt er auch diesmal keine Antwort.
Sie zeigte nur schweigend auf die Tür der alten Dame. Er sah die
junge Dame von da an jeden Tag. Neugierig geworden, ging er
deshalb näher an die Wohnungstür der alten Dame heran und
bemerkte einen üblen Gestank. Wieder fragte er bei der
Hausmeisterin nach und diese antwortete ihm barsch, sie würde alle 2
Tage nach der Dame sehen. Da er sich nun aber ernsthafte Gedanken
machte, rief er die Polizei an und meldete die Sache.
Beim Eintreffen der Beamten erzählte er von dem Gestank und von
der Weigerung der Hausmeisterin, diesem nachzugehen. Auch als die
Polizeibeamten selbst die Hausmeisterin befragten, wiederholte sie,

dass alles in Ordnung sei und die alte Dame vollkommen wohlauf. Da auch die Polizisten nun den Geruch bemerkten, forderten sie die Hausmeisterin dazu auf, die Wohnungstür zu öffnen.

Auf dieses Drängen hin, gab sie nach und öffnete die Tür, aus der den versammelten Personen ein überwältigender Verwesungsgeruch entgegenschlug. Die Wohnung war zudem voll mit kleinen Fliegen. Mehr konnte Herr T. nicht erkennen, da er von den Beamten weggeschickt wurde. Später erfuhr er, dass die alte Dame bereits seit 3 Wochen tot in ihrer Wohnung lag und erkannte auf einem alten Foto die junge Frau, die er im Laufe der 3 Wochen wiederholt vor der Tür gesehen hatte. Es war ein Jugendfoto der alten Dame.

Die Vase

Auch Theresa hat eine Abschiedsgeschichte zu berichten. Sie erzählt, dass die Großmutter ihrer Tante eine Sammlung von Bernstein und Bernsteinschmuck hatte, die ihr viel bedeuteten. Als sie schon etwas in die Jahre gekommen war, hatte sie plötzlich einen Schlaganfall, der sie ans Bett fesselte. Sie spürte, dass ihr Ende nahte und bat deshalb die gesamte Familie noch einmal zu sich und gab jedem ein Bernsteinschmuckstück. Es war ihr Geburtstag, an dem sich also die Familie noch einmal um ihr Krankenlager versammelte. Die alte Dame konnte kaum noch sprechen und meist bekam sie kein verständliches Wort heraus, wie auch an diesem Tag. Sie saß im Kreise ihrer Familie, alle unterhielten sich, als plötzlich die Kranke anfing, laut zu klagen und zu jammern. Im selben Augenblick wehte, trotz geschlossener Fenster, ein kalter Windhauch durch das Zimmer, der alle frösteln ließ und eine große schwere Vase, die auf dem Kamin stand, fiel zu Boden. Alle Anwesenden hatten plötzlich ein und denselben Gedanken: sie sollten jetzt besser nach Haus und so verließen alle Gäate die Geburtstagsfeier. Kaum zu Hause angekommen, erhielten sie den gefürchteten Anruf: die alte Dame war gerade gestorben. Viele Jahre später wurde innerhalb der Familie noch einmal über diesen Tag gesprochen, als das jüngste Mitglied, die kleine Enkelin der alten Dame, fragte, warum denn damals die Vase vom Kamin gefallen war. Die Reaktion auf diese Aussage war allseits starke Verblüffung, denn das Mädchen konnte eigentlich davon nichts wissen. Ihre Mutter war zum Zeitpunkt des Vorfalles gerade schwanger mit ihr gewesen.

Der Abschied

Frau Adelheid Nosek hat für uns sogar 2 Erlebnisse, in denen sich die Verstorbenen noch einmal nach ihrem Tod verabschiedeten.

„Ich war ungefähr 12-jährig, als ich meine Mutter fragte, ob sie denn vor dem Einschlafen beten würde. Da erzählte sie mir von ihrem Erlebnis:"Adelheids Mutter war etwa 21 Jahre alt, als ihre Mutter relativ jung, mit nur 55 Jahren und nach längerem Leiden, bedingt durch einen schweren Unfall, verstarb. Adelheids Großeltern hatten damals einen Bauernhof und es dienten damals noch Ochse und Pferd als Zugtiere. Als die Großeltern bei der Feldarbeit waren, scheute das Pferd und schlug nach hinten aus, wobei die Großmutter, die hinter dem Pferd stand, heftig von den Hufen getroffen wurde, so dass ihre Rippen gebrochen wurden. Besonders tragisch war, dass ein Stück einer Rippe die Lunge schwer verletzte.

Das Waldviertel, in dem sich die Geschichte zugetragen hatte, war eine eher arme und abgelegene Gegend. Die medizinische Versorgung war schlecht und auch oft von den einfachen Leuten nicht zu bezahlen. So begann für die Frau ein langer Leidensweg, der letztendlich zum Tod führte. Da die Ereignisse bereits lange Zeit zurück liegen, ist sich Adelheid nicht mehr ganz sicher, ob sich die folgenden Ereignisse in der Sterbenacht oder der Begräbnisnacht ereigneten. Sicher ist jedoch, dass Adelheids Mutter sich gerade zu Bett begeben hatte, als sie am Fußende des Bettes die Gestalt ihrer Mutter erblickte. Adelheid berichtet: „Meine Mama bekam ganz fürchterliche Angst. Sie bat meine Großmutter, sie möge wieder weg gehen. Doch ihre Bitte wurde nicht erfüllt."

Auch auf weiteres Bitten und Flehen reagierte die Gestalt der Verstorbenen nicht. Sie blieb regungslos an derselben Stelle stehen und blickte unentwegt der verängstigten jungen Frau in die Augen. Von panischer Angst ergriffen und ohne einen wirklichen Ausweg zu sehen, begann sie laut das „Vaterunser" zu beten. Doch auch nach

Beendigung des Gebetes war der Geist noch da. „Doch vor lauter Angst fing Mama das Gebet erneut von vorne an. Erst als sie das „Vater Unser" das 3. Mal zu Ende gebetet hatte, verschwand die Erscheinung meiner Großmutter. Da erkannte meine Mama, was ihre Mutter von ihr wollte – Sie bat darum, für sie zu beten!" Aus diesem Grund bete sie also noch immer 3 Vaterunser vor dem Einschlafen für sie.

Doch gibt es noch eine weitere Geschichte, die vom Abschiednehmen handelt. „Wir, also meine Mama und ich, haben uns oft über diese Themen unterhalten. Einige Jahre später, ich war 16, da vereinbarten wir in einer fröhlich lustigen Stimmung: wer als erstes von uns gehen würde, würde sich beim anderen melden." Adelheid war ebenfalls gerade erst 21 Jahre alt, als ihre Mutter mit 55 Jahren verstarb. Sie schreibt: "Sie hatte innerhalb von 3 Monaten 5 Schlaganfälle, den 6. hatte sie nicht überlebt." Es war eine schwere Zeit für die Hinterbliebenen, besonders da Adelheids jüngerer Bruder zum Zeitpunkt des Todes der Mutter erst 14 Jahre alt war. So war es die Aufgabe der älteren Schwester, die Mutterrolle zu übernehmen. Sie kümmerte sich liebevoll um Bruder und Vater, organisierte die Beerdigung und hatte vor lauter neuer Aufgaben keine Zeit, um richtig um ihre Mutter zu trauern. Nach dem Begräbnis brach die ganze überwältigende Macht der Trauer über sie herein. „Ich war so unglücklich, meine Mutter jetzt schon verloren zu haben, wo wir beide auch noch ein ganz besonders gutes Sein zusammen hatten." Ihre Mutter war ihr auch immer eine gute Freundin, Beschützerin und Beraterin gewesen. Sie hatten eine sehr innige Beziehung zueinander gehabt.

„Nun wurde mir beinhart klar, dass sie nicht mehr da war. Dieses „Loch" war für mich in diesen Realisationsmomenten schier bodenlos und von Verzweiflungsgefühlen getragen." Adelheids Kopfkissen war durchweicht von Tränen dieser Verzweiflung, als ihr plötzlich vor dem Bett ihre geliebte Mutter erschien.

„Selbst jetzt bin ich noch ganz gerührt vor Freude, während ich Ihnen dies berichte."

Die Gestalt schwebte etwa einen Meter über dem Boden neben dem Bett. Die Mutter hatte ein junges vitales Aussehen und war wunderschön. „Sie war umgeben von einer sich sanft bewegenden, regenbogenfarbenen Energie, die man als „Kleidung" ansehen könnte und sie strahlte einen Frieden aus, der direkt auf mich überging. Ich wurde sofort ruhig. Mein Herz erfüllte sich mit Ruhe, Frieden, Freude und Wohlbefinden. Ein wunderbares Gefühl!" Die Mutter sagte ihr, sie brauche sich keine Sorgen machen, denn da, wo sie nun ist, ginge es ihr gut. Nachdem diese beruhigende und tröstliche Botschaft übermittelt war, verschwand die Erscheinung. Somit war das Versprechen, das sich die beiden gegeben hatten, eingelöst. Seit dieser Zeit hat Adelheid keine Angst mehr vor dem Tod oder vor Geistern und sieht alles mit ganz anderen Augen.

Auch die Großmutter erschien ihr später noch einmal. Sie hatte sie nie persönlich kennen gelernt, da sie lange vor ihrer Geburt verstorben war. Anfangs war sie noch etwas unsicher, doch: „Ich habe das nachgeprüft, in dem ich ihr Fragen stellte, die mir nur sie beantworten konnte und die ich über Verwandtschaft ausforschte." So wurde für sie bestätigt, dass ihre Mutter und Großmutter noch immer über sie wachten.

Rosemarie

Frau S. spürt manchmal, dass sie nicht alleine ist, selbst wenn sie niemanden sehen kann. Manchmal macht ihr diese Gabe große Angst. Sie erzählt von einem Todesfall mit haarsträubenden Folgen: „Die Tante meines Freundes ist vor zwei Jahren an Krebs gestorben. Ihr Tod kam recht plötzlich und unerwartet. Nach ihrer Diagnose „Hautkrebs" wurde sie bald operiert, doch schon wenige Tage danach verstarb sie. Sie wurde auf dem Naturfriedhof beigesetzt.
Doch damit begannen seltsame Ereignisse. Wir waren zu Besuch bei den Eltern meines Freundes. Deren Haus gehörte früher besagter Tante Rosemarie, die es aber seit längerer Zeit nicht mehr bewohnt hatte. Sie lebte die letzten Jahre in einem Neubau. Jedenfalls saßen wir im Flur auf der Treppe, ich auf der Treppe ins Untergeschoss, die Mutter meines Freundes auf der Treppe nach oben, seine Schwester in der Mitte des Flures. Von meinem Sitzplatz aus konnte ich das Wohnzimmer unten erkennen. Die ganze Zeit schon lief mir ein seltsamer Schauer über den Rücken. Ich wusste, da war noch jemand bei uns und dachte *„Hey Rosemarie, was willst du denn schon wieder?"* Plötzlich sah ich sie unten im Wohnzimmer hinter der Tür auftauchen. Sie war sehr schmächtig und hatte ein grell weißes Flatterkleid an. Der Rest von ihr war eher grau, doch das Weiß des Kleides stach deutlich heraus. Immer wenn ich längere Zeit zur Tür schaute, verschwand sie zurück in den Raum, hinter die Tür, die einen Spalt weit geöffnet war. Dann tauchte sie wieder auf und lugte hinter der Tür hervor. Das ging eine ganze Weile so. Dann schaute ich einfach nicht mehr hin. Wir beschlossen dann, in die Kirche zu gehen und ihr eine Kerze anzuzünden. Wir baten *„bitte Rosemarie, geh doch ins Licht. Was willst du denn noch hier? Es hilft ja nichts."*
Einige Tage später sprach ich dann mit der Mutter meines Freundes. Sie meinte, sie halte es nun nicht mehr aus, und ich fragte nach dem Grund. Sie erzählte mir, immer wenn sie nachts aufwachte, um zur

Toilette zu gehen, sah sie Tante Rosemarie neben ihrem Bett stehen. Ich antwortete ihr, dass ich froh sei, dass sie sie auch sehe. Ich habe da ganz ähnliche Erlebnisse gehabt. In dieser Zeit spürte ich sehr oft ihre Anwesenheit. Keine von uns fühlte sich noch wohl, da man immer damit rechnen musste, wenn man abends oder nachts durchs Haus ging, dass sie plötzlich irgendwo vor einem auftauchte.

Wir beteten dann alle gemeinsam für sie, zündeten wieder eine Kerze an und besuchten sie auf dem Friedhof. Dort sagten wir ihr, es sei alles in Ordnung, sie müsse nun nicht mehr kommen. Seit dieser Zeit ist es besser geworden. Ich spüre sie zwar manchmal immer noch, aber lange nicht mehr so oft wie damals, und gesehen habe ich sie seither auch nicht mehr."

Gruß per Telefon

Es scheint so, als ob sich auch die Geisterwelt mittlerweile der Technik zu bedienen weiß, denn Frau M. R. berichtet uns von einem geisterhaften Anruf aus dem Jenseits.

Frau R's Schwiegervater verstarb am 1.10.2002. Seiner Witwe ging es daraufhin körperlich und seelisch, nachdem sie ihren Mann jahrelang aufopferungsvoll gepflegt hatte, sehr schlecht. Deshalb beschlossen Frau R. und ihr Mann, sie für eine Weile zu sich nach Hause einzuladen und sich um sie zu kümmern. Dieser Einladung folgte die alte Dame einige Wochen später, im November 2002. Zu dieser Zeit war gerade das schnurlose DECT-Telefon der Familie defekt und sie dachten daran, sich ein Neues zu kaufen. Zur Überbrückung sollte ein altes noch vorhandenes analoges Telefon dienen, das mittels Kabel standortgebunden in die Buxe gesteckt wurde. Bald schon wurde ein neues DECT-Telefon angeschafft und das analoge Ersatztelefon wieder abgebaut, das Kabel aufgerollt und Frau R. legte es auf eine Bank im Wohnzimmer, um es später wieder in der Schublade zu verstauen. „Es war am Abend, unsere drei Kinder, die Schwiegermutter, mein Mann und ich waren alle zusammen im Wohnzimmer und sprachen vom Schwiegervater. Da klingelte plötzlich das analoge Telefon zweimal. Wir waren sehr irritiert, denn technisch war das - ohne Stromzufuhr- ein Ding der Unmöglichkeit." Frau R. und ihre Familie interpretierten das als ein Zeichen des verstorbenen Schwiegervaters, der seine Familie wissen lassen wollte, dass es ihm gut ging.

Der Heimkehrer

Es passierte während des 2. Weltkriegs und die Oma und Uroma von Frau J. waren die einzigen Familienmitglieder im Haus. Allerdings waren dennoch alle Zimmer belegt, da etliche Fremde einquartiert worden waren, hauptsächlich Frauen. „Meine Oma und Uroma schliefen deshalb gemeinsam im Elternschlafzimmer, unten im Erdgeschoss, neben dem Treppenhaus. Spät nachts, so gegen 2 Uhr, weckte die Uroma ihre Tochter aus dem Tiefschlaf und sagte ganz aufgeregt zu ihr: „Horch, die Tür ist grade gegangen." Und die Schlafzimmertür war wirklich einen Spalt weit offen. Gemeinsam hörten sie dann, wie schwere Militärstiefel die Treppe hinauf stapften – bis unters Dach. Daraufhin meinte die Uroma: „Horch, des is der Rudi. Jetz is er heimkomma." Aber die Oma war skeptisch und sagte: „Mama, der Rudi würde doch nicht nur kurz zu uns rein schaun, sondern was sagen. Des hab ma uns sicher eingebildet." Rudi war der Sohn der Uroma, der sich zu dieser Zeit an der russischen Front befand. Eigentlich hätte er an diesem Tag mit dem nächsten Jeepkonvoi nach Hause zu seiner Hochzeit fahren dürfen. Doch ein Kumpel hatte ihn gefragt, ob er nicht mit einem Versorgungslaster ein Stück mitfahren würde, um schneller daheim anzukommen. Er willigte ein, da er so schnell wie möglich zu seiner Familie gelangen wollte. Doch leider kam der LKW nie an. Sie fuhren über eine Miene, der Lastwagen explodierte und Rudi verblutete an der Unfallstelle. Sein gesamter Unterleib war durch die Explosion weggerissen worden. Zwei Wochen später erhielt die Familie einen Brief mit der Nachricht, dass ihr geliebter Rudi gefallen war, genau zu dem Zeitpunkt, als sie damals die Schritte im Haus gehört hatten.

Die Wiege

Noch eine weitere Geschichte erzählt vom Abschied eines gefallenen Soldaten. Wieder spielt die Geschichte im 2. Weltkrieg. Sie wurde mir von einer Kollegin der Betroffenen erzählt. Letztere arbeitete in der Kinderbetreuung und war eine Ordensschwester. Zur Zeit des 2. Weltkrieges war sie noch ein kleines Mädchen gewesen, ihr jüngerer Bruder ein Säugling. Der Vater kämpfte an der Front, so waren sie mit der Mutter allein im Haus. Eines Abends, es war bereits spät, ereignete sich etwas Seltsames. Die Mutter saß in der Küche, vertieft in ihre Handarbeit, das Baby lag in der Wiege im Wohnzimmer und das kleine Mädchen schlief im Kinderzimmer. Plötzlich klopft es an der Küchentür. Die Mutter sagte „Komm doch rein!" Und erwartete natürlich ihr kleines Mädchen, die vielleicht einen Alptraum gehabt hatte. Es kam aber niemand herein. Stattdessen klopfte es wieder. Leicht verärgert über den vermeintlichen Scherz, stand die Mutter auf und riss die Tür auf. Doch es stand niemand davor. In diesem Moment kam die kleine Tochter schlaftrunken aus dem Kinderzimmer und erzählte ihr: „Der Papa war grad da und hat geklopft." Die Mutter antwortete ihr, dass das nicht möglich sei, da der Papa doch noch im Krieg wäre. Als sie sich dann zur offenen Wohnzimmertür umdrehten, sahen sie, wie die Wiege heftig schaukelte – ganz von alleine. Das Baby konnte das nicht geschafft haben, da es noch sehr klein war.

Einige Wochen später erhielten sie dann den Brief mit der Nachricht über den Tod des Vaters, der an besagtem Abend gefallen war.

Bedeutungsvolle Zeichen

Frau Katrin Soer erlebte einige sehr unheimliche Dinge beim Tod Ihrer Oma und Tante:

„Meine Mutter und ich hatten ein sehr enges Verhältnis zu meiner Oma. Am 14. Januar 2014 starb sie mit stolzen 93 Jahren. Es geschahen merkwürdige Dinge vor und nach ihrem Tod. [...] Die letzten drei Monate vor Omas Tod waren sehr schwer. Die Altersdemenz nahm immer mehr zu und meine Mutter (sie ist Krankenschwester) konnte sie nicht mehr in ihrer Wohnung pflegen." Seit etwa 8 Jahren lebte die Großmutter bei Katrins Mutter, danach kam sie für kurze Zeit in ein Altenheim. „[...] Wenn wir sie dort besuchten, hatte sie lichte Momente. Dann konnte man sich mit ihr ganz normal unterhalten. Aber plötzlich änderte sich die Stimmung und Oma sprach von schwarzen Gestalten oder Käfer die im Raum herumkrabbelten. [...] Ja, es war richtig unheimlich. Als ich sie mal wieder im Krankenhaus besuchte, erzählte sie mir viele Dinge von früher, die sie wohl sehr beschäftigten. Aber sie erzählte es so, als ob die Dinge gerade erst passiert seien. Dann sprach sie von Opa und sagte: "Ihr müsst ihn unbedingt kennen lernen, das ist so ein netter Mann... Der kommt gleich, dann lernt ihr ihn kennen." (Opa ist schon über dreißig Jahre tot...) Wenn ich heute darüber nachdenke, frage ich mich, ob es Vorboten waren? [...] Vielleicht wartete Opa schon auf sie? Im Altenheim war sie nur ein paar Tage, dann kam sie mit Wasser in der Lunge ein letztes Mal ins Krankenhaus. Sie war plötzlich nicht mehr ansprechbar, hat uns auch nicht mehr wahrgenommen. Sie atmete sehr schwer stieß nur unverständliche Laute hervor. Sie aß und trank nichts mehr. Es war nun an der Zeit, dass wir uns verabschieden mussten. Ich rief meine Cousine, an um ihr Bescheid zu sagen. Plötzlich sagte sie mir, dass ihre Mutter (meine Tante) ebenfalls im Sterben liege. Meine Tante war schwer krank. Ihr ging es schon längere Zeit schlecht und es war nur noch eine Frage der Zeit. Wir waren dennoch alle geschockt und hatten den gleichen Gedanken: *"Oma und Tante liegen beide im Sterben, als ob sich die beiden abgesprochen hätten."*[…]"

Meine Mutter verbrachte Tag und Nacht an Oma's Bett und ich kam jeden Tag nach der Arbeit. Ich hatte den großen Wunsch, ihr noch einen Gefallen zu tun. Ich spielte ihr einige Lieder vor, die sie sehr liebte. In diesem Moment, als ich das tat, wurde Oma ganz ruhig und sie hörte bewusst hin. Sie sah friedlich aus. Sie öffnete den Mund als wollte sie uns etwas sagen, wir konnten es aber nicht verstehen. Ich glaube, ich habe ihr eine Freude gemacht und das macht mich glücklich. Drei Tage später wurde sie von Ihrem Leid erlöst. Auf der einen Seite waren wir froh, auf der anderen Seite haben wir einen Menschen verloren, den wir sehr liebten. Und das macht uns heute noch sehr traurig. Am 16.1. (also zwei Tage später) verstarb dann auch meine Tante. Wollte Oma sie nicht mehr leiden sehen und hat sie dann zu sich geholt?

An Oma's Todestag geschahen einige merkwürdige Dinge, die ich mir bis heute nicht erklären kann. Wir saßen am Kaffeetisch bei meiner Mutter und warteten auf die Bestatterin, um mit ihr alles für die Beerdigung vorzubereiten.

Mutti sagte plötzlich: *"Ich habe das Gefühl, dass Oma bei uns ist. Ich spürte soeben einen leichten, kalten Luftzug auf dem Handrücken."*

Alle Fenster waren zu und in der Wohnung war es sehr warm. Es hat also nirgends gezogen. Irgendwann stand ich auf, um auf den Balkon zu gehen und eine Zigarette zu rauchen. In dem Moment, als ich mir gerade die Jacke überzog, roch ich das unverkennbare Parfüm meiner Oma. […]" Vielleicht wollte Katrin's Oma allen noch ein Zeichen des Abschieds geben. Doch es war scheinbar nicht das letzte Zeichen, das sie ihrer Familie gab, denn an diesem Tag folgten noch einige weitere seltsame Begebenheiten.

„Später am Nachmittag fuhren wir zum Altenheim, um das Zimmer von Oma auszuräumen. Während wir ihre Habseligkeiten in die Kisten und Körbe packten, klingelte plötzlich ihr Telefon. Wir waren im ersten Moment erschrocken. Wer könnte das sein? Alle, die Oma's Telefonnummer hatten, wussten, dass sie Oma nicht mehr erreichen konnten. Da wir aber so beschäftigt waren mit einpacken und ausräumen, sagten wir uns, dass sich jemand verwählt habe. Heute denke ich: *"Wären wir mal ans Telefon gegangen."*

Das Zimmer war nun geleert und wir fuhren wieder zur Wohnung meiner Mutter, um die Sachen dann auszusortieren. Darunter befand sich ein Kopfhörer, den Oma immer zum Fernsehen benutzt hat, um die Sendungen besser zu verstehen. Dieser fing auf einmal an zu rauschen. Der Kopfhörer war nirgends angeschlossen und Batterien hatte er auch nicht. Als ich ihn hin und herbewegte um herauszufinden, warum das Ding rauschte, hörte es plötzlich wieder auf und alles war still. Da ich aber so beschäftigt war, tat ich es ab und dachte auch nicht mehr darüber nach. Doch nach einigen Minuten fing der Kopfhörer wieder an zu rauschen. Ich bekam Angst und schmiss ihn in den Mülleimer.

Heute frage ich mich: *"Wollte Oma vielleicht zu uns Kontakt aufnehmen? Warum habe ich nicht die Kopfhörer angezogen?"*

Die Beerdigung fand am 23.1.14 im Kreise der Familie und Freunde statt. In einem Dorf im Hunsrück, an dem Oma und Opa viele Jahre lebten. Meine Mutter wuchs dort mit ihren Geschwistern auf. Ich bin selbst in diesem Dorf geboren und habe dort meine Ferien als Kind verbracht. Für mich ist es meine Heimat, die ich sehr liebe. [...]

Wir fuhren an diesem Tag in den nächsten Ort, kauften Kuchen und wollten meine zweite Tante im Heim besuchen, um ihr die traurigen Nachrichten zu übermitteln (sie ist geistig behindert). Als wir ankamen, sagte uns eine Betreuerin, dass sie gerade aus dem Krankenhaus entlassen wurde und auf dem Weg sei. Also warteten wir. Es dauerte nicht lange. Schon wurde meine Tante im Rollstuhl in den Aufenthaltsraum geschoben.

Sie war fürchterlich aufgeregt. So haben wir sie noch nie erlebt. Sie hatte sich sehr gefreut uns alle zu sehen. Sie erzählte, dass sie im Krankenhaus war, weil sie keine Luft mehr bekam. Jetzt sei aber alles wieder gut. Plötzlich wurde sie lauter und wirkte aufgewühlt: "Und Mutti ist gestorben!", rief sie. Wir waren alle erschrocken. Keiner hatte ihr etwas erzählt. Woher wusste meine Tante das? Ist meine Oma ihr erschienen?

Dass ihre Schwester ebenfalls gestorben ist, behielten wir dann für uns. Wir wollten sie nicht noch mehr aufregen. Wenn ich mich mit meiner Mutter darüber unterhalte, was wir in dieser Zeit erlebt haben, erklären wir uns das so: Ja, Oma war tatsächlich bei uns und wollte sagen: *"Ich möchte jetzt nach Hause zu Vati, wann fahren wir denn?"* (sie konnte zu Lebzeiten richtig ungeduldig werden). Ich glaube, als ihr Körper in das Familiengrab zu Opa beigesetzt wurde, bekam sie ihren Frieden."

Die Urgroßtante

Herr H. H. hatte bereits sehr früh in seinem Leben ein einschneidendes Erlebnis, bei dem es sich um einen nicht besonders freundlich anmutenden Abschiedsgruß aus dem Jenseits zu handeln schien. Das Erlebte trug sich im Haus von Herrn H's Großeltern, in der Nähe von Hanau zu. I
n den 1950er Jahren lebten drei Generationen zusammen: Herr H., sein ein Jahr jüngerer Bruder, die Eltern und Großeltern bewohnten zusammen das in den 1920ern erbaute freistehende Haus. Es befanden sich zwei geschlossene Wohnungen darin, die mit einer wunderschönen alten Holztreppe verbunden waren.

Die Großeltern bewohnten die obere Wohnung, während die junge Familie im Parterre lebte. Doch im Haus, genauer in einem Dachzimmer, wohnte außerdem die etwa 80 Jahre alte Tante der Großmutter. Die Geschichte beginnt, als Herr H. noch ein Baby war. „Hinter dem Haus verfügten wir über einen kleinen Garten, der zum einen Teil mit Gemüse, außerdem einer Reihe von Obstbäumen, Büschen mit Brombeeren und Stachelbeeren sowie einer Rasenfläche bepflanzt war." Im Sommer pflegten die Eltern ihren Sprössling im Kinderwagen in den Schatten eines Apfelbaumes zu stellen, damit der kleine H. dort seinen Mittagsschlaf halten konnte.

„An einem dieser Nachmittage erschien die alte Tante meiner Großmutter neben meinem Kinderwagen, zog das Kissen unter meinem Kopf hervor und drückte es mir gewaltsam in mein Gesicht, um mich damit zu ersticken." Ein glücklicher Umstand war, dass Herrn H's Großvater zu dieser Zeit gerade im Garten war und das Geschehen beobachtete. Er eilte dem wehrlosen Baby sofort zu Hilfe und rettete sein Leben.

„Aus verständlichen Gründen kann ich mich selbst nicht mehr an das Vorkommnis erinnern und ich erfuhr erst davon, als ich schon vierzehn oder fünfzehn war." Herr H. hatte, zu dieser Zeit noch ohne

Wissen um diese tragische Geschichte, düstere Erinnerungen an die Urgroßtante, die etwa um sein 5. Lebensjahr begannen. Die alte Frau hatte einen schweren Krückstock und man hörte sie bereits von weitem, wenn sie polternd die Holztreppe herabstieg. Allein dieses Geräusch versetzte den kleinen Jungen in Angst und Schrecken.

Seit dem Vorfall im Garten ließen die Eltern ihre Kinder nie mehr alleine mit der alten Tante. Dennoch erinnert Herr H. sich mit Schaudern daran, dass sie, immer wenn sie ihn sah, ihren Stock bedrohlich nach ihm schwenkte.

Eines Tages, während die Eltern beide außer Haus arbeiteten, war der kleine H. bei einem Freund in der Nachbarschaft. Zum Mittagessen, kurz vor 12, kam er wieder zurück nach Hause. Herr H erinnert sich noch genau an den Vorfall:

„Im Keller holte ich mir eine Limonade und kam mit der Flasche in der Hand die Kellertreppe hinauf. Ich schloss die Tür hinter mir und war auf dem Weg ins obere Stockwerk zu meinen Großeltern, als ich sehr erschrocken die Urgroßtante erblickte, wie sie auf der Treppe stand und mit ihrem gewohnt bösen Blick hinab in meine Richtung sah. Ich erstarrte für ein paar Sekunden bewegungslos und war nicht einmal in der Lage zu schreien." Nach diesem ersten Schreck, steckte der Junge zitternd den Schlüssel ins Schloss der elterlichen Wohnung, in die er sich flüchtete. „Ich versteckte mich im Wohnzimmer hinter der Couch, während ich die alte Frau hörte, wie sie langsam und mit polternden Schritten die Treppe herunterkam."

Der Junge traute sich erst nach langer Zeit aus seinem Versteck und dann erblickte er eine Gestalt durch die Milchglasscheibe der Wohnungstür. Jemand klingelte und rief seinen Namen. Da erst erkannte er, dass es sich um seine Großmutter handelte, die nach ihm suchte. „Ich öffnete und klammerte mich schluchzend an ihre Küchenschürze." Der kleine H. erzählte seiner Oma unter Tränen, dass ihn die Urgroßtante auf der Treppe erschreckt hätte. Doch seine Großmutter reagierte nicht auf seinen Bericht und schlug stattdessen vor, er solle doch erstmal etwas essen. Nach dem Mittagessen kam

Herrn H's Großvater zu ihnen. Er umarmte seine Frau, flüsterte ihr etwas ins Ohr und sie fing an zu weinen. Der Großvater erzählte seinem Enkel daraufhin, dass die Urgroßtante am späten Abend die Kellertreppe hinunter gestürzt war. Sie hatte sich den Oberschenkelhals gebrochen und war ins Krankenhaus eingeliefert worden.

Die alte Dame sei daraufhin um kurz vor zwölf Uhr mittags verstorben. Der kleine H. wiederholte daraufhin seine Geschichte von seiner Begegnung mit der alten Tante, doch niemand glaubte ihm und es wurde seiner überreizten Phantasie zugeschrieben.

„Ich habe oft, auch noch Wochen danach, bitterlich geweint, dass man meinem Erlebnis - das ich auch heute noch, sogar bei meinem Leben beeiden könnte - keinerlei Glauben geschenkt hat." Doch die alte Dame hatte noch nicht ihren letzten Auftritt im Leben des kleinen H. gehabt. Es war annähernd ein Jahr nach dem Tod der Urgroßtante. Herr H. war damals 6 Jahre, sein Bruder 5 Jahre alt. Die Eltern gingen abends aus und beauftragten die ehemalige Kindergärtnerin als Babysitter. Die Kinder mochten "Tante Inge", wie sie sie liebevoll nannten, sehr gern. Die junge Frau war den Kindern ebenfalls zugetan und natürlich auch froh, sich ein paar Mark als Babysitter zu verdienen. An diesem Abend waren also alle ausgegangen - auch die Großeltern. So waren nur die Kinder und ihre „Tante Inge" im Haus und spielten „Mensch ärgere dich nicht" zusammen.

Längst waren die Ereignisse um die Urgroßtante aus dem Gedächtnis verdrängt worden. Ihr ehemaliges Zimmer, über dem Kinderzimmer gelegen, war nun ein Abstellraum. „Wir hatten dem Raum, den ich übrigens nur sehr ungern ganz alleine betrat, die Bezeichnung "das alte Zimmer" gegeben." Das Zimmer, das v.a. der ordnungsliebende Großvater des Jungen für seine Bücher nutzte, war immer tadellos sauber und aufgeräumt. Die Sonne war gerade untergegangen, die Kinder bereiteten sich fürs Bett vor, als laute Stockschläge und Rumpeln aus dem „alten Zimmer" über ihnen zu hören waren. Diese

Geräusche hielten eine ganze Weile hindurch an – nur durch kurze Pausen unterbrochen.

Die Kinder bekamen panische Angst, während Inge nur über die Herkunft des Lärms rätseln konnte. Sie vermutete dann, dass die Großeltern der Jungen doch schon früher als erwartet aus dem Kino zurück seien. Die Kinder aber waren sich sicher, dass sie dann die knarrenden Schritte auf der alten Holztreppe gehört haben müssten.

Die drei bewaffneten sich also mit einer Taschenlampe und einer Putengabel aus der Küche und schlichen sich nach oben, um der Sache auf den Grund zu gehen. Da der Schlüssel wie üblich außen an der Tür steckte, konnte Inge ohne Probleme die Wohnungstür öffnen. Weiter kamen sie zunächst nicht, da die Tür zum „alten Zimmer", das links von der Wohnungstür lag, fest verschlossen war. Das kam den Kindern seltsam vor, denn sonst war die Tür immer offen und der Schlüssel steckte an der Außenseite. Der jüngere Bruder des kleinen H. fand den Schlüssel schließlich einige Meter entfernt auf dem Boden des Flurs. Inge öffnete vorsichtig die Tür und die Geräusche hörten auf. Es war vollkommen still. Als die Babysitterin das Licht einschaltete, bot sich den Dreien ein Anblick des Chaos. Die Bücher waren aus den Regalen gefallen, Bettwäsche lag wild verteilt auf dem Boden. Die Dampfmaschine des Großvaters war ebenfalls vom Tisch gefallen. Auch die Spielzeugkisten der Jungs, die teilweise hier gelagert wurden, waren geöffnet und der Inhalt über Boden und Tisch verteilt.

„Trotz aller ausgestandenen Ängste war ich froh, dass ich diesmal Zeugen hatte und meine Eltern, wie auch meine Großeltern, mir glauben mussten." Zum Glück war dies auch der letzte Vorfall dieser Art, denn niemals wieder wurde das Geräusch des Krückstocks gehört und auch im „alten Zimmer" war seitdem alles friedlich.

Tröstlicher Besuch

Im April 2010 machte Frau Heike Gapinski eine schwere Zeit durch, denn ihr Mann verstarb an Diabetes. In der Nacht nach seinem Tod erwachte Heike plötzlich aus dem Schlaf und war sofort hellwach. Sie hörte die Stimme ihres Mannes laut und deutlich und spürte seine Anwesenheit im Zimmer. "Heike, du musst jetzt stark sein, für die Kinder!" Vor Schreck saß Heike kerzengerade im Bett. Ihr verstorbener Mann sagte nur diesen einen Satz, dann war wieder Stille im Haus. „Ich hab die Stimme gehört, so als ob er neben mir steht und mit mir spricht."

Heike glaubt, ihr Mann sei nochmals zu ihr zurückgekehrt, um sich zu verabschieden und sie zu trösten. Sie schreibt, das Erlebnis habe ihr gut getan und sie würde sich wünschen, eines Tages noch einmal Kontakt zu ihm aufzunehmen.

Eskorte ins Jenseits

Frau H. hat eine besondere Gabe, die sie bereits ein Leben lang begleitet. „Ich sehe und spüre eigentlich schon immer meinen Uropa, verstorben 1977. In der Nacht vor meiner Geburt träumte meine Uroma, dass mein [verstorbener] Uropa auf einem Fahrrad kam und mir einen Strauß weiße Blumen brachte (ich glaube es waren Lilien). Er war schon immer bei mir und beschützte mich. Ein paar Wochen vor dem Tod meiner Uroma sah ich dann, wie er aufbrach, um bei ihr zu sein. Ich saß im Wohnzimmer und machte Schnitte, als plötzlich eine schwarze, groß gewachsene, in einen langen Mantel gekleidete Gestalt aus dem Schlafzimmer kam und direkt auf die Haustür zuging. Im Gang, neben der Schlafzimmertür, steht eine Glasvitrine mit Bleikristallgläsern darin, durch die sich der Gang samt Haustür spiegelt. Als die Gestalt, definitiv ein Mann, an der Vitrine vorbei war, schaute ich zu den Bleikristallgläsern und konnte darin sehen, wie der Mann durch die Haustüre verschwand, aber ohne sie zu öffnen.

Er spiegelte sich, wie der ganze Gang, in den Gläsern. Ich denke, es war mein Uropa, der zu meiner Uroma ging, um in ihrer letzten Zeit bei ihr zu sein

Schutzengel

Frau Heide-Rose Decurtins verlor am 21.6.1995 ihren Mann, nach beinahe einem Jahr Leidenszeit. Kurz vor seinem Tod bemerkte sie, wie ihr Ring mit einem Alexandrit, den ihr Mann ihr hatte anfertigen lassen, sich seltsam gelb-grün verfärbte. Auch in späteren Jahren passierte das häufiger, bevor sich ein Todesfall in ihrem Umfeld ereignete. Doch das war erst der Anfang vieler seltsamer Ereignisse. Der Talisman ihres Mannes war ein Teddybär gewesen, den er bis zu seinem Tod immer bei sich trug. Von nun an nahm Heide-Rose das geliebte Kuscheltier zu seinem Angedenken immer mit sich. Mehrmals passierten ihr seit dem Tod des Mannes ungewöhnliche Dinge, sie spürte z.B. einige Male seine Anwesenheit, nahm auch hin und wieder einen nicht erklärbaren Geruch nach Orangen und Jasmin wahr, der sie an ihn erinnerte und zum Zeitpunkt seiner Beerdigung blieb die Uhr bei ihr zuhause stehen. Etwa einen Monat nach der Beerdigung fuhr Heide-Rose wieder in das Bergdorf, in dem ihr Mann seine letzte Ruhe gefunden hatte und das sein Heimatort gewesen war, denn es sollte eine Messe für ihn gelesen werden. Auf der Fahrt dahin, bei der sie auch wieder der kleine Bär begleiten durfte, hörte sie zweimal deutlich seine Stimme sagen: „Heidi – pass auf!". Das passierte jedes Mal kurz bevor Heide-Rose in eine gefährliche Verkehrssituation geriet. Einige Zeit später passierte ihr Ähnliches noch einmal, als sie von Zürich nach Basel fuhr. Wieder hörte sie die Stimme: „Heidi nach links – schnell." Heide-Rose reagierte sofort und sah dann, dass ihr auf der rechten Spur ein schleuderndes Auto entgegen kam, dem sie so gerade noch ausgewichen war. Wieder hatte sie die Stimme gerettet. Doch nicht nur sie wurde vorgewarnt. Eine Kollegin, die sie einmal besuchte und die gedankenverloren mit dem Teddybären spielte, schlug vor, sie solle den Teddy doch bei ihrem Mann begraben, wenn er ihm so viel bedeutet hätte. Einige Zeit später erhielt Heide-Rose einen Anruf von besagter Kollegin, die ihr mitteilte, sie solle den Teddy doch lieber behalten, denn ihr verstorbener Mann habe ihr das Leben gerettet. Sie erzählte, sie sei von Zürich ins Werra-Tal nach Hause gefahren. Die Werra-Strasse von Albbruck nach Todtnau ist sehr kurvig. Plötzlich hörte sie eine bekannte Stimme rufen: „Gertrud – halte an!" Vor lauter Schreck trat sie auf die Bremse. Und da sah sie, dass vor ihr ein Traktor rückwärts aus einem Waldweg kam. Wenn sie nicht sofort gehalten hätte, wäre sie mit ihm kollidiert.

Der Beschützer

Frau C. Eva Schor hat lange darüber nachgedacht, ob sie uns diese Geschichte mitteilen soll. Zum Glück hat sie sich dann doch dazu entschlossen. „Es begann alles mit einem Alptraum, den ich jahrelang hatte, als ich etwa Mitte 20 war. Ich war darin stocksteif gelähmt und etwas berührte mich, kroch an mir hoch. Dann griff mir etwas in die Rippen, dass es wehtat. Und dann war da diese gruslige Stimme. Ich habe immer im Traum gedacht: *„Oh Gott, das ist jetzt echt"* und habe geschrien.

Ich hatte auch eine Zeitlang Ruhe vor dem Traum. Ungefähr nach meinem 33. Lebensjahr, im Jahre 2006, begann es erneut. Verzweifelt suchte ich schließlich Hilfe auf einer Webseite. Die Leute dort haben mir aber eine Höllenangst eingejagt und mir alles Mögliche eingeredet. Ich ließ in dieser Nacht dann alle Lichter brennen und traute mich kaum ins Bett. Als ich eingedöst war, stand da auf einmal mein Großvater, den ich nie kennen gelernt hatte, neben meinem Bett. Er musterte mich ruhig, auf eine Art die mich an meine Mutter erinnerte, und sagte mir "Es gibt ein Leben nach dem Tod. Aber geh bloß nie wieder auf diese Website!" Er hatte eine Autorität an sich, der man sich nicht widersetzte. Nicht bedrohlich, aber auf eine väterlich-gebieterische Art. Nach einiger Zeit erzählte ich meiner Mutter von dem Traum. Sie bestätigte mir sein Aussehen und auch seine natürliche Autorität. Leider haben wir keine Fotos von ihm. Er war eher klein, hatte naturgewellte hellbraune Haare und war drahtig. Mein Großvater ist im Alter von nur 58 Jahren am 9.6.1953 an Kieferkrebs verstorben. Ich bin übrigens nie wieder auf diese Webseite gegangen."

Alte Gewohnheiten

Herr Chris Köppl erlebte nach dem Tod seiner Mutter, vor annähernd 25 Jahren, einige Dinge, die er sich bis heute nicht erklären kann.

„Wir lebten damals - meine Tochter, meine Mutter und ich selbst in einem Doppelhaus. Bald nach dem Einzug wurde meine Mutter schwer krank und nach nur zehn Tagen zuhause verstarb sie - auf recht schwere Weise." Neben dem Zimmer der Mutter befanden sich Badezimmer und Toilette. Während ihrer Krankheit war sie anfangs noch in der Lage, diese alleine aufzusuchen.

Einige Tage nach dem Dahinscheiden der Mutter änderte sich die Atmosphäre im Haus. Er empfand sie als besonders unangenehm. Doch das war keineswegs die einzige Veränderung.

Chris und seine Tochter hörten beide in den frühen Abendstunden und bis in die späte Nacht hinein schlurfende Schritte und die Geräusche von Türklinken, die heruntergedrückt wurden. Die Geräusche nahmen ihren Anfang im ehemaligen Zimmer der Mutter und führten in Richtung Bad und Toilette. Doch nicht nur die menschlichen Bewohner des Hauses bemerkten etwas Seltsames. Auch ein Hund, der etwa drei Wochen nach dem Tod der Mutter aus dem Tierheim geholt wurde, reagierte auf unerklärliche Weise. „Er hatte im Erdgeschoß, derselben Ebene des Zimmers meiner Mutter, seine Eß- und Trinknäpfe und tagsüber kein Problem, sich darüber herzumachen. Mit Anbruch des Abends aber ging er die Treppe vom ersten Stock, in dem meine Tochter und ich unsere Räume hatten - und unser Wauzl sein Nest, nicht mehr hinunter zu seinen Köstlichkeiten, nur noch bis maximal zur vorletzten Stufe. Von dort aus knurrte er und bellte laut und zornig in Richtung der Räume meiner Mutter."

Dieses Verhalten brachten die beiden mit der verstorbenen Mutter bzw. Großmutter in Verbindung, die ihrer Meinung nach, noch eine

Weile brauchte, um ins Licht zu gehen. Nach einer Weile wurde das Zimmer untervermietet und die Phänomene verschwanden. Die Atmosphäre war wieder positiv und auch der Hund traute sich abends wieder zu seinen Fressnäpfen.

Viele Menschen halten Gläserrücken und Ouijabretter für gefährlich.

Gläserrücken

Frau Karoline S. fühlte sich, nach dem Tod eines guten Freundes Anfang 2011, gar nicht mehr wohl in ihrem Mietshäuschen. Eines Abends, gegen 22 Uhr, sah sie in nur etwa 2 m Entfernung, die Gestalt des Dahingeschiedenen an seinem Lieblingsplatz am Tisch sitzen. Sie hörte auch immer wieder verschiedene unerklärliche Geräusche im Haus und deutliche Schritte auf der Treppe zum 1. Stock. Die Geräusche und Schritte waren jeweils 2-3 Minuten zu hören gewesen, dann war wieder Ruhe. Frau S. fühlte sich fast ständig beobachtet. „Ich hatte das Gefühl, er liegt bei mir im Bett, ich stand dann auf und ging in die Küche einen Stock tiefer." Da sie noch einmal Kontakt zu ihrem verstorbenen Freund aufnehmen wollte, mit dem sie sich kurz vor seinem Tod noch zerstritten hatte, machte sie zusammen mit ihrer Tochter und einer Freundin eine Gläserrücksitzung. Dazu verwendeten sie einen etwa 20-30 cm großen Kreis aus Buchstaben und den Wörtern „ja" und „nein" und einen Kinderplastikbecher, den sie umgedreht als „Zeiger" benutzten. Sie stellten verschiedene Fragen, auf die der Verstorbene zu antworten schien. Es wurde u.a. gefragt, ob er noch hier bleiben wolle, worauf der Becher auf „ja" ging. Bei der Frage, ob er Karoline böse sei, dass sie bei seinem Tod nicht bei ihm gewesen sei, ereignete sich etwas, das Karoline bis heute nicht mehr loslässt. „Ein Mutter-Maria-Bild und Jesus-Bild aus dem Herrgottswinkel flogen um und der Trockenblumenstrauß sauste über den Tisch auf den Schoß von J." [Tochter]. Das verängstigte alle Anwesenden derart, dass sie die Sitzung abbrachen und Freundin sowie Tochter schnell nach Hause fuhren.

Ins Licht gehen – einmal anders

Die 62jährige Freu H. schrieb, dass ihr Bruder sich auf besondere Art und Weise nach seinem Ableben bei ihr verabschiedet habe. Sie erzählt, er habe ungewöhnlich viele Lampen und Lichter in seiner Wohnung gehabt. Diese hatten also eine besondere Bedeutung für ihn. Als ihr Bruder schließlich starb, ging plötzlich und ohne Grund bei ihr das Licht an und sie wusste, er habe sich noch einmal bei ihr gemeldet, um Abschied zu nehmen.

Eine unheimliche Nacht

Frau Eva Losensky erhielt einen besonders ungewöhnlichen Abschiedsgruß von einer verstorbenen Nachbarin ihrer Großeltern. „Ich habe Verwandte in Tirol, und als ich klein war, war ich mit meiner Mama immer meine Oma und meinen Opa dort besuchen." Im selben Ort lebte eine ältere Frau, die in der Nähe ihrer Großeltern lebte. „Da war ich oft mit meinem großen Bruder, wir haben Karten gespielt oder sind Spazieren gegangen. Im Sommer, als ich etwa 9 Jahre alt war, hab ich sie das letzte Mal gesehen." Als Eva am folgenden Weihnachtsfest wieder bei ihren Großeltern zu Besuch war, erfuhr sie vom Tod der lieben alten Dame. „Als mein Opa mir die traurige Nachricht überbrachte, [...] ging ich schon früh schlafen." Das Zimmer, in dem sie bei ihren Besuchen immer schlief, beschreibt sie folgendermaßen: nahe dem Eingang steht ein sehr großes Doppelbett, ein wenig weiter befindet sich ein Einzelbett. Eva schlief immer in besagtem Einzelbett. Gegenüber den Betten standen mehrere Schränke. Besonders in Erinnerung geblieben ist ihr der Umstand, dass die Bettdecken beim Bettenmachen immer auf eine ganz spezielle Art und Weise gelegt wurden. „Ich konnte damals [...] nicht schlafen, und guckte immer auf die Betten. Ich dachte die ganze Zeit an die alte Dame. Plötzlich bewegte sich die Decke [des Doppelbettes] ein kleines bisschen, fast so als würde jemand drin liegen und atmen. Und das Krasse ist, der Kleiderschrank war ja zu, und am nächsten Tag war er ein Stück offen. Ich habe auch meine Mama, meine Oma und meinen Opa gefragt, ob vielleicht irgendwer von ihnen am Schrank war, aber keiner war dort."

Das geheimnisvolle Foto

Eine weitere Geschichte hatte Frau W. für uns. Sie schrieb, ihre Oma hatte einst ein Erlebnis, das sie sich nicht erklären konnte: als ihr Mann starb, verfärbte sich ein Foto von ihm plötzlich komplett schwarz. Keiner konnte sich erklären, wie dies geschehen sein konnte und es wurde als Abschiedsgeste des Opas gedeutet.

Besuch an der Bettkante

Sowohl Frau Z. als auch Frau R. und Frau E. hatten ähnliche Erlebnisse zu berichten. Frau Z. erzählte mir davon, dass zwei Personen, unabhängig voneinander, nach dem Tod der Ehefrau bzw. Mutter, diese bei sich am Bett stehen sahen. Dagegen sah Frau R. einst ihre verstorbene Oma bei sich am Bett sitzen.

Doch sind es nicht immer verstorbene Verwandte, die Abschied nehmen wollen. Frau E. erzählte von einem nächtlichen Besuch durch eine verstorbene Freundin, die sogar ihren Namen gerufen habe. Derartige Berichte wurden mir sehr häufig zugetragen und von den Betroffenen als ein letzter Abschiedsgruß der Verstorbenen gedeutet.

Ein unsichtbarer Gast

Frau V., die selbst fest an Geister glaubt, ist mit einem diesbezüglich äußerst skeptischen Mann verheiratet. Sie erzählt von einem Erlebnis, das sie davon überzeugte, der Großvater ihres Ehemannes wollte sich nach seinem Tod noch einmal von allen verabschieden. „Als der Opa von meinem Mann starb, waren wir nach der Beerdigung noch bei der Oma zum Kaffee. Sie wohnt in einem Hochhaus in den Niederlanden. Mein Mann musste noch einmal runter, etwas aus dem Auto holen. Auf einmal hörten ich und eine Bekannte es an der Tür klopfen. Sie sagte, *mach auf, dein Mann ist aber schnell.*" Aber da war niemand. Mein Mann kam erst Minuten später wieder. Wir sind uns sicher dass das der Opa war."

Spuk des Urahnen

Der 36-Jährige Herr H.-W. gab an, dass in seiner Familie ein bereits um 1750 verstorbenes Familienmitglied des Öfteren, und von mehreren Personen unabhängig voneinander, gesehen wurde. Derartige Berichte kennt man sonst v.a. aus Adelsfamilien, doch gibt es wohl auch bürgerlichen Ahnenspuk.

Sind wir je allein?

Der Geist der Uroma

Frau Sandra Zeller erzählte mir von einem Erlebnis, das sie einst im Hause ihrer Großmutter hatte. „Ich war damals etwa 5 oder 6 Jahre alt, als ich wieder einmal bei meiner Oma zu Besuch war. Es war Abend und meine Oma erzählte mir eine Geschichte von Ihrer Schwiegermama (meiner Stiefuroma), die damals bereits verstorben war. Als sie mitten in ihrer Erzählung war, sah ich plötzlich einen menschlichen Schatten in der Küche, der sich an dem Schrank zu schaffen machte, in dem die ganzen Kochtöpfe standen. Ich machte meine Oma sofort auf die Gestalt aufmerksam. Als sie sich umdrehte, sagte sie zu mir: "Ja, das ist deine Uroma". Ich sah sie total erschrocken an. Als ich wieder zur Küche blickte, war die Schattengestalt auf einmal verschwunden. Später, als ich bereits im Bett lag, hörte ich einen lauten Knall und Stimmen, die von unten aus der Küche kamen. Also ging ich hinunter, um zu schauen was da los war. Ich konnte aber niemanden sehen. Am nächsten Tag erzählte ich die Geschichte meiner Oma. Sie meinte dann, dass sie mit der Uroma geschimpft hätte, weil sie wieder hier aufgetaucht sei. Sie erzählte, es gäbe ab und an mal ein paar seltsame Sachen, die geschehen würden, aber wenn man mit der Uroma schimpfte, oder ihr zu verstehen gäbe, dass man dies nicht möchte, dann bleibe sie auch eine Zeit lang fern."

Kapitel 3 Tierischer Spuk

Es sind jedoch scheinbar nicht nur menschliche Geister, die man in den Geschichten und Erlebnissen antrifft, sondern auch alle Arten von Tieren, im Besonderen natürlich geliebte Haustiere, die noch ein Weilchen über ihren Tod hinaus bei ihren Besitzern bleiben wollen.

Der weiße Hund im Wildgehege

Jenny Nopto hat mir freundlicherweise ihre tierische Spukgeschichte aufgeschrieben. „Meine Eltern betreiben ehrenamtlich ein großes Wildgehege. Es ist hoch umzäunt und hat ein großes Holztor. Irgendwann sprachen uns Spaziergänger an. Sie fragten uns, wem denn der tolle weiße Hund gehöre, der auf der Wildweide sitzt. Wir waren total erstaunt und fragten, wann sie diesen gesehen hätten. Sie sagten, im Morgengrauen und einmal kurz nach Sonnenuntergang." Die Familie war vollkommen erstaunt über diesen Bericht, denn sie besaßen keinen weißen Hund. Der Familienhund war ein Ritterlicher und dieser durfte nie auf die Damwildweide. Da sie sich Sorgen um das Wild machten und sich auch nicht erklären konnten, wie ein fremder Hund ins Gehege kommen konnte, beschlossen sie, nachts im Vereinshaus neben der Weide Wache zu schieben. Jenny, ihr Bruder und dessen Freundin trafen sich abends am Vereinshaus und begannen ihre Nachtwache. Sie beobachteten in kurzen Abständen die Wildweide, doch alles blieb ruhig. Nach einer Weile gingen die drei nach draußen. Als sie zur Weide blickten, sahen sie dort tatsächlich einen weißen Schäferhund sitzen. Verwirrt gingen sie wieder ins Vereinshaus, um zu überlegen, was nun zu tun sei. Sie stellten sich am Fenster auf und beobachteten das Geschehen draußen. Da sahen sie, wie der Hund daran vorbei trottete. Er sah aus wie ein ganz realer Schäferhund, allerdings viel zu grell weiß und ein bisschen verschwommen. Merkwürdig war auch, dass keins der Tiere reagierte. Weder der Familienhund noch das Damwild schienen vom weißen Schäferhund Notiz zu nehmen.

Es blieb die Frage zu klären, wie das Tier auf die Weide und wieder heraus gelangen konnte, da der Zaun viel zu hoch war. „Am kommenden Morgen suchten wir die Weide ab, keine Pfotenabdrücke, keine Buddelspuren - nichts." Mittlerweile sind einige Jahre vergangen und noch immer besucht der weiße Hund ab und zu das Wildgehege. Und noch immer gibt es keinerlei Erklärung, wie er hineingelangen kann und warum sich die anderen Tiere nicht von ihm stören lassen.

Nachts schleicht ein weißer Hund durchs Wildgehege.

Geisterkater

Frau P. weiß über eine immer wiederkehrende Erscheinung eines Katers zu berichten. Sie schreibt, er sei „schon seit vielen Jahren tot". Er erscheint ihren Großeltern bis heute immer wieder und auch sie selbst habe ihn bereits gesehen.

In Frau P.'s Familie soll ein Geisterkater spuken.

Geisterkatze

An einem heißen Sommerabend im August 2007, als Frau R. dabei war, ihren drei Monate alten Sohn zu Bett zu bringen, hatte sie ein seltsames Erlebnis. „Ich öffnete die Tür zum Kinderzimmer, meinen Kleinen auf dem Arm, und als ich das Zimmer betrat, sah ich eine schwarze Katze zwischen meinen Beinen ins Zimmer laufen. Hoch erhobenen Schwanzes lief sie schnell vor mir her und verschwand plötzlich mitten in der Luft." Zuerst dachte Frau R., es sei eine lebendige Katze ins Zimmer gelaufen und irgendwo unter ein Möbelstück abgetaucht. Sie schloss also schnell die Tür hinter sich und suchte alles ab, blickte unter alle Möbel – und fand nichts. Sie schreibt: „Manchmal, wenn ich mich in der Nähe dieses Zimmers aufhielt, bekam ich eine Gänsehaut und fühlte eine große Kälte – auch im heißesten Sommer."

Einige Tage später kam der Ehemann von Frau R. kreidebleich und leicht verwirrt zu ihr und erzählte, er habe eine transparente Katze ins Kinderzimmer laufen sehen, die sich plötzlich in Luft aufgelöst habe. Er stand nicht vor der Zimmertür, wie Frau R. beim ersten Vorfall, sondern in einer der Zimmerecken, links von der Einganstür. Er sah die Katze aber denselben Weg entlanglaufen und auch an derselben Stelle verschwinden. Einige Monate später sah er die Katze noch ein zweites Mal, wieder an derselben Stelle. Dann war lange Zeit Ruhe, bis etwa ein Jahr später eine Freundin zu Besuch kam, die im Kinderzimmer übernachtete. „Als wir ihr das Zimmer zeigten, ging sie kurz rein, kam dann wieder heraus und meinte, wir sollten bitte noch die Katze raus holen." Die Freundin war sehr verblüfft, als sie erfuhr – und sie auch mit eigenen Augen sehen konnte - dass im Zimmer weit und breit keine Katze war. Mittlerweile sind 7 Jahre seit dem ersten Vorfall vergangen und die Katze hat sich schon seit langer Zeit nicht mehr bei der Familie blicken lassen.

Geliebtes Haustier - auch über den Tod hinaus

Pascha, der Kater

Sarah erzählt von einigen Erlebnissen, die sie mit dem verstorbenen Kater ihrer Großeltern hatte. „Meine Großeltern hatten lange Zeit einen Kater namens Pascha. Ich glaube 15 oder 17 Jahre alt ist er geworden. Vor einigen Jahren verstarb er dann. Meine Großeltern waren sehr traurig und wollten dann auch kein Haustier mehr, da sie es nicht mehr ertragen könnten, noch ein Kätzchen zu beerdigen. Ich mochte Pascha, hatte aber nicht die gleiche Beziehung zu ihm wie meine Großeltern oder meine Mutter oder Tante. Nach einiger Zeit begann ich aber Pascha zu sehen, immer an den Orten an denen er vor seinem Tod auch war. Ich dachte erst, dass das Einbildung sei, doch irgendwann war es nicht nur so ein vorbeihuschender Schatten, sondern er saß länger an einem Fleck und ich konnte ihn ansehen. Auch die Gardinen begannen sich zu bewegen, wenn ich ihn dahinter vorbeilaufen sah, obwohl die Fenster überall geschlossen waren. Ich erzählte das dann irgendwann meiner Oma. Sie schaute mich erstaunt an und meinte, dass sie ihn auch sehen würde. Wenn sie in der Küche war, dann sah sie ihn an der Stelle stehen, an der er immer auf sein Futter gewartet hatte. Ging sie ins Wohnzimmer, so sah sie ihn im Gang hinter sich herlaufen. War sie hingegen im Wohnzimmer, schlich er hinter den Gardinen entlang und sprang auf das Fensterbrett. Er schien ihr zu folgen. Überall wo meine Großeltern waren, war auch Pascha.

Paschas Angewohnheit war es, sich auf eines der Betten zu legen und dort stundenlang zu schlafen, vor allem auf meines, wegen meiner flauschigen Decke. Wenn er aufstand, dann war an der Stelle immer eine riesige Kuhle, denn der Kater war alles andere als leicht. Eines Abends, als ich bei meinen Großeltern war, konnte ich nicht einschlafen und las deshalb noch ein bisschen. Auf einmal hörte ich etwas Leises erst über den Holzfußboden, dann über den vor meinem Bett liegenden Teppich tappen. Ich hielt es für das Arbeiten der Bodendielen, obwohl ich mir auch nicht erklären konnte, warum diese auf einmal mehr wie Katzenpfoten, als wie Schritte klangen, und beachtete es nicht weiter. Plötzlich hielt das Geräusch vor meinem Bett an und es machte eine Hüpfer. Ich spürte etwas Schweres auf meinen Beinen, dachte aber erst, dass sie vielleicht ein bisschen eingeschlafen seien und beachtete auch das nicht weiter. Doch dann fing irgendetwas an, auf der Decke über meinen Beinen herum zu treten und sich zu drehen, um sich dann mit vollem Gewicht auf meinen Beinen breit zu machen. Als ich aufschaute, erschrak ich, denn an der Stelle, an der ich das Gewicht spürte, war eine riesige Kuhle zu sehen. Als ich mich wieder gefangen hatte, beschloss ich, ihn da liegen zu lassen, denn er wollte mir ja nichts tun, sondern nur schlafen. Irgendwann wurde mir das Gewicht aber doch zu schwer und ich bewegte einmal ruckartig die Beine. In dem Moment verschwand das Gewicht, als ob Pascha aufgestanden wäre. Ich hörte das Landen von Pfoten auf dem Teppich und dann wieder das Tapsen, diesmal erst über den Teppich und danach über den Holzboden. Dann war es wieder still."

Tiergeister

Marion Lorenz berichtet ebenfalls über verschiedene Erlebnisse mit verstorbenen Haustieren. „Meine Katze, die am selben Tag gestorben ist, lief über die Rückenlehne auf dem Sofa entlang, direkt auf mich zu. Dann war sie weg.

Ab und zu denke ich, die Bettdecke wird schwerer an manchen Stellen. Vielleicht sind das unsere verstorbenen Katzen. Als ich mal um meine Hündin getrauert habe, wurde ich am Bein berührt. Denke mal sie war es."

Hindernislauf

Auch Barbara D. erlebte Ähnliches. „Ich hatte das eine Zeitlang extrem oft. Da ich immer Katzen hatte, hat man mich oft lustige Sprünge machen sehen, da sie [die Geisterkatzen] mir manchmal um die Füße geflitzt sind. Ich dachte erst, das ist eine meiner [lebendigen] Miezen und ich wollte sie ja nicht treten.“

Der Seelenhund

Auch Hundegeister werden häufiger gesichtet. So berichtet Jenny: „Ich sehe oft unseren [verstorbenen] Rottweiler Chuck und höre sein Halsband, wie es auf dem Boden klappert, wenn er sich hinlegt. Und wenn ich die Treppe herunterkomme, sehe ich ihn oft am Absatz stehen. Dieser Hund ist und bleibt mein Seelenhund. Und wenn ich richtig traurig bin, glaube ich, dass er seinen Bullerkopf in meinen Schoß legt."

Chuck zu seinen Lebzeiten

Schrödinger und Mozart

Herr Chris Köppl hat ebenfalls schon das eine oder andere Erlebnis mit seinen geliebten verstorbenen Haustieren hinter sich.

„Ein paar Wochen nachdem unser Kater Schrödinger verstorben war, hatte ich einen heftigen Migräneanfall. Da sah ich ihn tatsächlich zu meinen Füßen sitzen und hörte ihn sagen: "Ich pass immer auf dich auf."

Unsere Haustiere haben sich übrigens immer wieder einmal hören und fühlen lassen. Unser Herr Mozart, der beste Hund der Welt, lief noch längere Zeit nach seinem Tod krallenklackernd durch die Wohnung. Manchmal hat man auch ein zartes "Wffz" gehört.“

Zottelhund

Als kleines Mädchen war Frau S. oft bei ihrer Oma, die im selben Haus wie ihre Eltern wohnte. Die Wohnung der Großmutter befand sich im Erdgeschoss und davor war die Haustür, die aus gläsernen Kassetten bestand. Tagsüber war es deshalb sehr hell im Flur und Treppenhaus. Doch nachts empfand Frau S. es immer besonders unheimlich. Trotz eingeschaltetem Licht flitzte sie als Kind immer die Treppe möglichst schnell herunter und in die Wohnung der Oma, wo sie die Tür hinter sich zuknallte, da sie das Gefühl hatte, irgendetwas würde vor der Haustür sitzen und sie beobachten. Sie dachte, es wäre ein Wolf oder großer Hund. Einige Jahre später, der Bruder wohnte nun in der Wohnung der mittlerweile verstorbenen Oma, machte sie unten die Wohnungstür auf und sah einen großen dunklen zotteligen Hund vor der gläsernen Haustür sitzen. Erschrocken schrie sie auf und rief ihren Bruder. Als dieser daraufhin aus der Wohnung kam, war der Hund verschwunden. Ein paar Wochen später wiederholte sich das Ereignis. Wieder wollte Frau S. aufbrechen und verließ die Wohnung des großen Bruders, wieder sah sie einen zottigen Hund vor der Haustür sitzen. Draußen war es bereits relativ dunkel und der Hund hob sich als große dunkle Masse vor dem Abendhimmel ab. Diesmal hatte Frau S. genügend Zeit, um den Hund zu betrachten.

Plötzlich jedoch verschwand er vor ihren Augen, als hätte er sich in Luft aufgelöst. Wieder rief sie ihren Bruder und er erzählte ihr, er habe diesen seltsamen Hund auch schon gesehen. Neugierig geworden, beschrieb Frau S. ihrer Tante den Hund, da diese früher ebenfalls dort gewohnt hatte. Sie lebte als Kind mit ihren Eltern in der Wohnung, in der nun der Bruder von Frau S. wohnte. Die Tante schien den Hund der Beschreibung nach wieder zu erkennen und rief aus: „Genau, das ist doch unser Polo! Wo habt ihr denn das Foto von ihm her?" Sie nahm an, dass Frau S. wohl ein altes Foto des Hundes gefunden haben musste, da Polo schon jahrzehntelang tot war. Frau S. jedoch hatte nie ein Bild von ihm gesehen. Polo war der Hund ihres Großvaters gewesen und der vierbeinige Beschützer der Tante, als diese noch ein Kind war. Polo hatte sich oft schützend vor sie gestellt, wann immer ihre Eltern ihr Prügel androhten. Scheinbar wartete Polo noch immer sehnsüchtig vor der Tür auf seinen Menschenwelpen und Schützling.

Hund mit einem Familienangehörigen

Kapitel 4 Poltergeister

Eine besonders unangenehme Art von Spuk scheint das so genannte Poltergeistphänomen zu sein.

Einige Personen berichteten mir von plötzlich verschwundenen Gegenständen, die später an seltsamer Stelle wieder auftauchten, etlichen geplatzten Glühbirnen, unerklärlichem Klopfen, Türknallen, sich selbständig machenden Elektrogeräten, plötzlich gefrorenem Wasser uvm.

Blut aus dem Nichts

Frau D. H. ist der Überzeugung, sie habe bereits mehrmals Poltergeistphänomene ausgelöst. Sie meint: „Die Poltergeistphänomene führe ich auch auf mich selbst zurück, da ich zu dieser Zeit eine heftige Krise hatte. Dennoch meinten sehr viele Besucher, dass diese Wohnung "komisch" sei. Es war dort auch immer sehr kalt, Besuch verabschiedete sich durch diese beiden Umstände immer recht schnell wieder."

Als Frau H. abends im Bett lag, sah sie eine Reißzwecke am Boden liegen und dachte noch daran, sie aufzuheben, damit ihr Hund nicht hineintrete. Sie las noch ein wenig und plötzlich sah sie die Reißzwecke auf ihrem Bauch liegen. Zunächst dachte sie, es wäre eine andere, doch die auf dem Boden war weg. Obwohl sie sich sehr darüber wunderte, schlief sie schließlich ein. Weiter berichtet sie: „Dann gingen allmählich Dinge los wie Schritte im Flur, Türen knallten, obwohl ich sie vorher zugemacht hatte. Der Fernseher ging an, Sachen lagen plötzlich an anderen Orten (ich bin sehr ordentlich). Der Heizlüfter im Bad mit Drehschalter ging auch einfach an. Ich machte ihn nie an, ich hatte immer ein Handtuch drauf gehängt und somit war das auch echt gefährlich. Die Lüftung der Heizung im Schlafzimmer war ständig eingeschaltet, ohne dass ich das gemacht hatte. Eines Abends telefonierte ich mit einer Freundin und trank dabei aus einer Wasserflasche. Als ich sie zum dritten Mal hochnahm, war das Wasser gefroren. Blutflecken materialisierten sich auf dem Schlafzimmerteppich. [...] Aber auch mein Bruder sah das ein oder andere."

Noch eine weitere Geschichte hat Frau H. mit uns geteilt:

„Es begann im Juni mit dem Tod meiner Oma. Ca. eine Woche später verschwanden Sachen, war die Waschmaschine eingeschaltet, als ich vom Gassigehen nach Hause kam und ich hatte sie definitiv nicht angemacht, es war auch gar keine Wäsche darin. Als ich ein anderes Mal vom Gassigehen kam, war der Fernseher eingeschaltet. Meine Tochter war zu dieser Zeit noch im Hort. Der Fernseher war nicht auf Standby gestellt, sondern er war vorher richtig aus gewesen."

Sie erzählt, als sie einmal ins Badezimmer ging, bemerkte sie, dass die Glühbirne im hinteren Teil des Raumes, dort wo sie gerade stand, einfach ausging. Als sie dann weiter in den vorderen Teil des Raumes ging, schaltete sich auch dort die Glühbirne aus, doch die im hinteren Teil des Raumes ging nun wieder an. „Nach einem Einkauf kam ich nach Hause und ging in die Küche, auf einmal hörte ich laute Schritte im Wohnzimmer, es hörte sich an, als wenn jemand durch das Wohnzimmer in Richtung Küche rannte. Ich erschreckte mich echt zu Tode. Aber als ich nachsah, war natürlich niemand im Wohnzimmer, es war eigentlich sowieso niemand mehr in der Wohnung gewesen. Auch mein Hund hat sich erschrocken. Es ereigneten sich zu dieser Zeit noch mehr eigenartige Dinge. Nach ca. vier Wochen hörten die Vorfälle wieder auf. Dann war eine Zeitlang Ruhe. Aber weitere vier Wochen später fingen sie wieder an. Nun nahm auch meine Tochter Sachen wahr und sie sagte Dinge zu sich selbst wie: "Hier spukt´s." oder "Hier ist halt ein Spukhaus." Einmal erzählte sie mir etwas von einem schwarzen Mann in ihrem Zimmer, aber ich weiß nicht, ob das eventuell nur ein Traum war. Eines Abends saß ich auf der Couch, sie lag schon im Bett. Auf einmal kam sie ins Wohnzimmer gerannt, völlig panisch und uns war in diesem Augenblick beiden so, als wenn ihr jemand hinterher gerannt kam. Es hörte sich jedenfalls kurz so an. […]

Nun sind in den letzten drei Tagen wieder Sachen gewesen. Es fing an, dass ich abends ins Schlafzimmer ging und sah, dass der Vorhang verschoben und die Heizung auf 2 gestellt war. Ich mache NIE die Heizung im Schlafzimmer an, mag es lieber kühl zum Schlafen. Ich fragte meine Tochter, ob sie das vielleicht war, aber sie verneinte. […]

Am übernächsten Morgen fragte mich meine Tochter im Schlafzimmer, ob ich die Sachen meines verstorbenen Opa´s im

Regal anders hingestellt hätte. Ich sah dorthin und sie waren tatsächlich nach vorne und zur Seite verschoben. Sie stehen immer an derselben Stelle hinten im Regal und ich hatte sie auch nicht verschoben. Es passierte auch mal, dass einen Nachts der Aschenbecher meines Opa's (sind halt Erinnerungsstücke) plötzlich runterfiel. Er steht sehr sicher hinten im Regal. Auch meine Hunde schlagen nachts plötzlich an. Alle Phänomene hier aufzulisten würde jetzt den Rahmen sprengen […]."

Das Glühbirnenproblem

Die folgende Geschichte schickte mir ein Freund des Herren, der diese Phänomene hauptsächlich erlebte, obwohl der Erzähler auch selbst einige Male anwesend war, als sie sich ereigneten.

Herr. B. berichtet: „Ich habe vor mindestens 20 Jahren meinen besten Kumpel kennen gelernt. Am Anfang ließ er mich nie in seine Wohnung, immer mit irgendwelchen komischen Ausreden, warum es gerade nicht ginge. Nach 1-2 Jahren, erzählte er mir irgendwann im Suff, dass er keine Leute reinlässt, weil er einen Hausgeist hätte oder eben verrückt sei, er war sich da nicht mehr so sicher und mehr als leicht verzweifelt." Ab diesem Zeitpunkt durfte Herr B. dann in die Wohnung des Freundes, das Geheimnis war gelüftet. Doch Herr B. schreibt: „[…] ich muss zugeben, am Anfang hielt ich ihn auch für verrückt. Aber in dieser Wohnung passierten wirklich merkwürdige Dinge, alleine sein Verbrauch an Glühbirnen war enorm, am Tag gingen im Schnitt so drei Stück kaputt. Alle immer mit einem lauten Knall. Alle elektrischen Leitungen waren, seinen Angaben nach, mehrfach von verschiedenen Elektrikern geprüft worden, alles ohne Ergebnis. Andere Mieter im Haus hatten das Problem auch nicht."

Anfangs dachte Herr B. sicher nicht an Spuk, doch dann wurden die Geschehnisse immer merkwürdiger. „Er hatte zum Beispiel eine kleine Glasvase seiner Mutter. Da sie ein Erbstück war, stellte er sie in den Schrank und schloss die Tür. Ich habe mit meinen eigenen Augen gesehen, wie sich die Tür einen Spalt öffnete, die Vase heraus fiel und auf dem Boden zerschellte. Seinen Blick dabei werd ich in meinem Leben nicht vergessen."

Ein anderes Mal verschwanden plötzlich zwei Feuerzeuge, die die beiden Freunde gerade gekauft hatten. Die Feuerzeuge lagen auf dem Tisch, an dem die beiden saßen. Niemand war aufgestanden oder hatte die Feuerzeuge berührt, doch waren sie von einem Augenblick auf den nächsten nicht mehr da. Da sie dringend Feuer brauchten, suchten sie im 2. Stock des Hauses nach anderen Feuerzeugen. Doch auch dort wurden sie nicht fündig. „Als wir wieder runter kamen, lagen jeweils über 5 Feuerzeuge sauber aufgereiht nebeneinander auf unseren Plätzen, genau da wo wir vorher gesessen sind. Es ist einfach nicht möglich gewesen, dass diese da vorher schon lagen, außer uns war niemand in der Wohnung. Ich habe immer noch Gänsehaut, wenn ich nach über 10 Jahren darüber schreibe. Mein Kumpel hat mich damals oft angebettelt, zu sagen, dass manches ein Streich von mir war, war es aber nie." Offenbar begleiteten den Freund von Herrn B. diese seltsamen Phänomene auch nach diversen Umzügen. Es ging nach etwa ein bis zwei Wochen in der neuen Wohnung wieder los. Herr B. glaubt bei den Phänomenen eine Art Muster zu erkennen. Es scheint gehäuft aufzutreten „in Momenten mit viel negativer Emotion, oder bevor Leute kommen, die man besser nicht reinlassen würde." Herr B. denkt, es könnte sich vielleicht um eine Art Schutzengel handeln, der seinen Freund vor schlimmeren Dingen bewahrt. „Ich muss auch zugeben, wenn ich alleine in der Bude meines Kumpels bin, was wegen der Distanz aber nicht so oft vorkommt, unterhalte ich mich mit dem Geist, es kam zwar noch nie eine Antwort, aber ich habe das Gefühl, dass mein Zeug da liegen bleibt, wo ich es hingelegt habe."

Momentan arbeitet Herrn B's bester Kumpel in einem Ferienhotel auf einer beliebten Insel. Auch dort gibt es mittlerweile ein Glühbirnenproblem.

Kapitel 5 Wahre Erlebnisse in Spukschlössern

Nicht nur auf den Britischen Inseln gibt es Schlösser, in denen es angeblich geistreich zugeht. Auch im deutschsprachigen Raum wird von unheimlichen Gemäuern berichtet, in denen nicht nur der Geist der Geschichte umgehen soll.

In diesem Kapitel habe ich Erlebnisse gesammelt, die sich in ebensolchen Spukschlössern zugetragen haben. Natürlich gibt es, neben den in diesem Kapitel Beschriebenen, noch viele weitere Schlösser und Burgen mit Spukgeschichten. Es handelt sich hierbei lediglich um einen kleinen Einblick in diese Thematik.

Aufruhr im Spukschloss

Herr. N. H. hatte vor nur zwei Monaten ein haarsträubendes Erlebnis mit einigen geisterhaften Bewohnern eines alten Schlosses.

Er sollte an jenem Abend in Schloss T. einen Vortrag halten und so stand er vor dem Schlosstor und wartete auf den Schlüsselverwalter. Doch dieser erschien nicht und reagierte auch zunächst nicht auf die vielen Anrufe von Herrn H. Scheinbar hatte es ein Missverständnis gegeben und er war nicht über den Vortrag informiert worden. Glücklicherweise erreichte Herr H. den Verwalter dann doch noch und dieser sagte ihm, dass auch der Pächter der Schlossgaststätte im Besitz eines Schlüssels wäre. Freundlicherweise war dieser dann auch dazu bereit, zu helfen und den Schlüssel herauszugeben, damit Herr H. seinen Vortrag vorbereiten konnte.

So befand sich Herr H. also persönlich im Besitz des Generalschlüssels von Schloss T.

Dies hatte für ihn eine besondere Bedeutung, denn seine Urururahnen waren im 14. Jh. von den ehemaligen Besitzern des Schlosses T. aus ihrer kleinen Burg vertrieben worden. Er erzählt: „Ich war also als einer der Nachfahren plötzlich in der Schlüsselgewalt zum Schloss von denjenigen, die meine Vorfahren einst verdrängt hatten. Ein triumphierendes Gefühl – irgendwie. Ich bin also mit dem Schlüssel in der Tasche in den Hof gefahren, durch das Tor durch, und hab mir gedacht „so Leute, jetzt bin ich da und hab den Schlüssel für euer ganzes Schloss". Danach bin ich in den Veranstaltungsraum hinauf und habe alles vorbereitet. Außerdem zeigte ich einem Bekannten noch ein besonders reich ausgeschmücktes Zimmer. Nach dem Vortrag sind wir noch eingekehrt. Zu späterer Stunde ging ich dann noch mal alleine in die Schlosshöfe."

Herr H. betrat auch den kleineren, im hinteren Teil gelegenen, Schlosshof der alten Burg.

„Es war eine sternenklare Nacht und ich stand allein im Innenhof. Plötzlich war da sehr viel los, sehr viel um mich rum. Obwohl dort niemand wohnt, habe ich mehrfach die Türen schlagen hören. Es herrschte also ein gewisser Aufruhr darüber, dass ich da war." Herr H., der sich noch immer ein wenig als Triumphator fühlte, da er als Nachfahre der Verlierer den Schlossschlüssel besaß, verabschiedete sich dann bei den aufgeregten Schlossgeistern und fuhr aus dem Schlosshof hinaus.

Er merkte an: „Ich habe aber auch für deren Schloss bereits einiges Gutes getan, so dass es auch erhalten geblieben ist."

Auf dem Weg zur Schlüsselrückgabe, merkte er, dass ihm sein rechter Arm wehtat. Er warf dann den Schlüssel ein und fuhr nach Hause. Die Schmerzen im Arm und in der Schulter wurden jedoch immer stärker. Nachts konnte er nicht auf der Seite schlafen. Er hatte keinerlei Erklärung für die plötzlichen Schmerzen. Als diese nach zwei Tagen noch immer nicht besser waren, sprach er mit einer Freundin darüber. Diese meinte zu ihm, es habe ihm wohl jemand etwas in die Schulter gebohrt. Daraufhin kontaktierte er ein Medium, um bei ihr Rat zu suchen. Die Dame meinte zu ihm „kein Wunder, Sie haben ja im rechten Arm einen Degen stecken. Den hat Ihnen jemand rein gestoßen, als Sie einen Raum betreten haben, den Sie nicht betreten sollten. Wir ziehen jetzt diesen Degen raus." Danach meinte sie, es würde noch einen Tag etwas schmerzen, doch dann würde es weg sein. Herr H. erzählt: „Genauso war es auch. Der Schmerz war weg." Mit manchen Geistern sollte man sich wohl besser nicht anlegen.

Grausiger Fund

Frau Fuchs berichtete mir Folgendes. „Bei uns im Fraunberger Schloss soll ein Kind spuken. Ist aber auch schon eine ältere Legende." Laut der Oma ihres Mannes, soll es etwa 150 Jahre her sein, dass im Brunnen ein Kind ertrunken sei. Sie erzählt: „Vor ca. 75 Jahren haben sie dann die Knochen von dem Kind gefunden. Ob Mädchen oder Junge weiß ich leider nicht." Seit dieser Zeit soll dieses arme Wesen im Schloss herumspuken.

Die weiße Frau und ihre Mitbewohner

Das im 12. Jahrhundert erbaute Schloss Fürsteneck, malerisch gelegen im Bayerischen Wald, hat viele gespenstische Überlieferungen zu bieten. Doch es sind nicht nur diese allein, die etlichen Besuchern und Angestellten im Laufe der Jahre einen Schauer über den Rücken laufen ließen. Eine dieser Geschichten erzählt von einer, aus angeblicher Treulosigkeit, eingemauerten Frau. Außerdem soll eine weiße Frau im Schloss umgehen und ein gespenstischer Reiter, der Geist eines grausamen Fürstbischofs, soll nachts durch die Wälder reiten.

Eine sicherlich wahre und nicht weniger gruselige Geschichte, ist die des Hexenprozesses um Afra Dickh, die nahe dem Schloss im Jahre 1703 verbrannt wurde.

Um noch einmal auf die weiße Frau von Fürsteneck zurückzukommen: mir wurde von mehreren Personen berichtet, diese sei in den letzten Jahrzehnten öfter gesehen worden. Gleich zwei verschiedene ehemalige Pächterinnen wollen sie am Kamin im danach benannten „Kaminzimmer" erblickt haben. Außerdem soll eine größere Festgesellschaft diese ebenfalls gesehen haben. Im Januar 2012 ist sie zum vorerst letzten Mal gesichtet worden – wieder vor besagtem Kamin. Sie wird als stark transparente Frau, etwa 1,60 m groß mit langen lockigen Haaren beschrieben. Und manchmal geht ihrer Erscheinung ein seltsames, schwer zu beschreibendes Geräusch voraus. Doch auch an anderen Stellen des um 1190 erbauten Schlosses soll es schon zu unheimlichen Vorfällen gekommen sein.

Am 4.4.2009 standen zwei Damen während einer Spuk-Tour durch Schloss Fürsteneck in einer Ecke eines kleinen Raumes im sogenannten "Eiskeller".

Plötzlich fiel die Temperatur merklich ab. Es wurde spürbar kälter im Raum und sie fühlten, dass sie von hinten beobachtet wurden. Es war ein Gefühl, als würde jemand direkt hinter ihnen stehen. Doch es blieb nicht allein bei diesem Gefühl, denn plötzlich strömte eine starke Energie wie ein Stromstoß durch die beiden Körper, die sie bis in die Haarwurzeln erschauern ließ. Es war, als würde etwas durch sie hindurchgehen. Dieses Gefühl kam in mehreren Wellen, dauerte einige Minuten an und verschwand plötzlich wieder, woraufhin die Temperatur wieder anstieg. In einer anderen Ecke des Raumes passierte es kurz darauf erneut. Bemerkenswert ist auch, dass sich einige Mitglieder der zweiten Gruppe, die später den Eiskeller besuchte, ohne Vorkenntnisse der in dem Raum geschehenen Ereignisse, weigerten, diesen zu betreten.

Ähnliches ereignete sich am 9.7.2012, als ein Herr berichtete, er sei von einer Art Energie berührt worden, und am 8.10.2011 als mehrere Personen von einem elektrisierenden Kribbeln berichteten, das an den Händen begann und sich über den ganzen Körper zog.

Im selben Raum hatte eine weitere Teilnehmerin am 20.2.2010 ein Erlebnis. Sie berichtete, etwas habe sie aggressiv geschubst. Eine andere Dame wurde von einer unsichtbaren Person ins Ohr gepustet, als sie in diesem Raum stand. Kurz zuvor hatte eine andere Person, die vor dem Raum stand, aufgeschrieen, da plötzlich ein blutüberströmtes Gesicht ganz nah vor ihrem aufgetaucht war.

Eine andere Dame wurde einmal im selben kleinen Zimmer auf die Schulter geklopft, woraufhin eine Gruppe aus mehreren Personen eine weibliche Stimme aus dem Nichts hörte.

Eine Schattengestalt tauchte bereits öfter im Durchbruch zum hintersten Raum auf. Im vorderen Durchbruch klopfte einmal jemand einer Dame heftig auf die Schulter. Als sie sich umdrehte, war niemand zu sehen. Und an einer bestimmten Stelle versagen alle Batterien und Akkus regelmäßig.

Blick auf den Durchbruch im Eiskeller

Auch Stimmen, Pfeifen, Heulen und Türgeräusche sind des Öfteren im Eiskeller zu hören, obwohl weit und breit niemand zu sehen ist. Einmal wurden 8 Personen gleichzeitig Zeugen eines bläulichen hellen Blitzes, der lautlos aus der Richtung des kleinen Zimmers über den Gang durch den Durchbruch in Richtung großer Raum ging, wo die Gruppe aufgereiht im Dunkeln stand. Als alle aus der Gruppe im kleinen Zimmer standen, hörten sie außerdem Stimmen, seltsame Geräusche und Schritte. Eines der Geräusche, ähnlich wie ein Schrei, wurde von einigen live gehört und auch auf dem Audiorekorder aufgenommen. Außerdem war auf dem Rekorder eine sehr leise gepfiffene Melodie und eine Frauenstimme zu hören.

Doch nicht nur der Eiskeller hat es scheinbar in sich. Auch im Bereich des jetzigen Weinkellers ereigneten sich bereits einige seltsame Dinge. Einige Personen sahen mehrmals kleine bläuliche Lichter in der Nähe einer Gittertür. Es wurden etliche Personen aus dem Nichts berührt, v.a. an den Beinen, Schattengestalten huschten vorbei, Stimmen und Schritte wurden gehört und Gegenstände haben sich von selbst bewegt (an zwei verschiedenen Abenden im Jahr 2009 bewegte sich ein Schmuckstück wie von Geisterhand). Auch ein elektrisierendes Kribbeln wurde bereits häufiger gespürt, meist zusammen mit dem Auftreten von Lichtphänomenen. Unlängst berichtete mir die Schlossangestellte Theresa, sie sei allein dort unten gewesen, um einige Tische für eine Veranstaltung zu decken, als sie plötzlich ein lautes Geräusch von der alten hölzernen Zwischentür hörte. Erschrocken ging sie zur Tür, auf der ein altes Brauereiblechschild genagelt war, das sich leicht nach außen wölbt. Dieses Blechschild bewegte sich vor den Augen von Theresa vor und zurück, als ob eine unsichtbare Hand es eindrücken würde, dazu ertönte ein charakteristisches Plopp-Geräusch. Im selben Moment flog eine Tischdecke von einem der gedeckten Tische. Theresa verließ dann, vollkommen erschrocken, zügig den Raum. Ein anderes Mal standen dort einige Personen beisammen und unterhielten sich. Eine Dame aus der Runde, Ramona H., fasste sich plötzlich erschrocken an den Kopf und meinte: „Lass das!", wobei sie sich abrupt umdrehte. Etwas hatte eine einzelne geschlossene Haarsträhne senkrecht nach oben gezogen, wo sie, mehreren Augenzeugen zufolge, kurz stehen blieb, bevor sie wieder langsam zurück sank. Ramona bemerkte das Ziehen an den Haaren und dachte sofort an einen Streich ihres Gatten Michael. Doch niemand aus der Runde war in ihrer unmittelbaren Nähe gewesen.

Ein ähnlicher Vorfall ereignete sich wenige Monate darauf erneut, als eine junge Dame gerade den Raum verlassen wollte, und auf den Stufen an den Haaren gezupft wurde, obwohl niemand hinter ihr stand.

Auch im Hotelbereich erleben Gäste immer wieder Seltsames. In Zimmer 3 werden regelmäßig Schritte gehört, die sich anhören wie das Geräusch von schweren Stiefeln auf Holzdielen. Die Schritte scheinen vom Flur bis hinein ins Zimmer zu gehen und vor dem Bett anzuhalten. Im Flur des Hotels liegt jedoch Teppichboden, der Schritte gut dämpft. Ein Pärchen ist sogar eines frühen morgens, aufgrund der nächtlichen Erlebnisse in Zimmer 3, panisch aus dem

Hotel geflüchtet. So schreibt auch Hotelgast Monika: „Das was wir hier im Schloss Fürsteneck erlebt haben, kann keiner da draußen nachvollziehen. Das muss jeder selbst mal mitgemacht haben."

Besucher, die in Zimmer Nr. 4 übernachteten, berichteten immer wieder von Schritten und polternden Geräuschen, die vom Dachboden zu kommen schienen. Dort oben wurden am 9.9.2011, zwischen zwei Führungen, auch laute Geräusche wie Möbelrücken aufgenommen, als sich gerade niemand am Dachboden befand. Gäste aus Zimmer 5 erzählten mir, ihre Schranktüre sei nachts von alleine auf- und wieder zugegangen.

Eine Hotelangestellte erlebte ebenfalls öfter Seltsames im Schloss, angefangen von heftig schwingenden Lampen, bis hin zu unerklärbarem Möbelrücken vom Dachboden. Doch es war ein einschneidendes Erlebnis, das für sie das Fass zum Überlaufen und die Kündigung mit sich brachte. Als sie eines Tages allein im Schloss war und die Zimmer in Ordnung brachte, sah sie plötzlich im großen Schlitten, der zur Dekoration an einem Ende des Flurs steht, eine schwarze Gestalt sitzen. Man braucht scheinbar gute Nerven in einem Spukschloss…

Das Geisterzimmer

Auch im gegen 1050 erbauten Schloss Neuburg am Inn geht es manchmal gruselig zu. Überliefert sind einige Sagen, die sich v.a. mit den Geistern des Schlosses befassen. Der Heimatdichter Franz Schrönghamer-Heimdal hat diese zum Teil niedergeschrieben und vor dem Vergessen gerettet. So soll es ein Geisterzimmer geben, in dem es jeden, der eine bestimmte Stelle durchschreitet, kalt durchschauert. Doch in diesem Zimmer ist noch mehr Erstaunliches passiert: Einst hatte Geheimrat Oskar von Miller, der Erbauer des Deutschen Museums in München, darin ein Erlebnis. Er und viele andere bedeutende Gäste waren zur Einweihungsfeier des neu renovierten Schlosses geladen, das damals vor dem Verfall gerettet worden war. Der Geheimrat übernachtete im so genannten „Geisterzimmer", um herauszufinden, ob es dort auch nach der Renovierung noch spuke. In dieser Nacht hatte er einen sehr lebhaften Traum. Er träumte den ersten Weltkrieg und den Untergang der Monarchie voraus, worüber er am nächsten Morgen dem ebenfalls im Schloss anwesenden König völlig schockiert berichtete.

Nur drei Monate darauf begann der 1. Weltkrieg und sein Traum erfüllte sich in jedem Detail.[4]

Doch nicht nur Schrönghamer-Heimdal hat über seltsame Vorgänge in der Neuburg zu berichten. Nach Aussagen zweier Anwohner, soll es auch einen geheimen Tunnel in die jenseits des Flusses gelegene Burg Wernstein in Österreich gegeben haben, der einst eingestürzt ist und einige Personen verschüttet hat. Diese sollen noch im Schloss und dem Tunnel spuken. Eine Dame aus Wernstein erzählte mir, sie sei als Kind selbst noch in diesem Tunnel gewesen, den sie von der Burg Wernstein aus betreten haben will.

---

[4] Erzählt nach Schrönghamer-Heimdal, Franz, Das Geisterzimmer zu Neuburg, in: Heimatglocken, 6. Jahrgang, N.1, 12.1.1954, 3.

175

Die andere Geschichte handelt vom ehemaligen Frauenhaus, einer Ruine, die ein Stück hangabwärts gelegen ist. Dort sollen nachts immer wieder unerklärliche Stimmen zu hören sein.

Es gibt noch einige weitere Sagen zur Burg, z.B. über eine unglückliche Burgherrin, die noch immer dort umgehen soll, und eine unerklärliche Blutzeichnung im Kerker, die immer wieder erscheint.[5]

Doch sind es nicht nur Sagen und mündliche Überlieferungen, welche die Neuburg für uns interessant machen. Im Laufe der Jahre gab es eine Vielzahl an Augenzeugen, die ungewöhnliche und unheimliche Phänomene erlebt haben. Darunter waren Gäste und einige Angestellte des Hotels / Restaurants.

Ein ehemaliger Küchenangestellter will nachts öfter Schritte und polternde Geräusche gehört haben.

Claudia, eine frühere Serviceangestellte, erzählte davon, dass sie, als sie nachts kurz im „Geisterzimmer" war, das Gefühl hatte, etwas sei mit ihr im Raum. Es fühlte sich sehr bedrohlich an und sie verließ das Zimmer umgehend. In besagtem „Geisterzimmer" gab es immer wieder unheimliche Erlebnisse. Bei einer Führung am 3.12.2011 erlebte eine ganze Gruppe Seltsames. Die Besucherin Elisabeth spürte ein deutliches Schwanken, so als ob sich der Boden hin und her bewegen würde. Sie saß ruhig auf einem Stuhl und die anderen aus der Gruppe standen still im Raum verteilt. Auch konnten alle während dieser Zeit seltsame Geräusche wie Schritte mehrerer Personen und lautes Möbelrücken hören. Eine Anwesende berichtet: „Es hörte sich so an, als würde ein Stockwerk höher eine Party gefeiert. Als ob ca. 10 Personen über uns laufen und sich auf Stühle setzen würden [Anmerkung: über dem Geisterzimmer ist nur der leere Dachboden, der über eine Leiter zu erreichen ist]. Ich lief hinaus zum Fenster am Flur, um auf die Seite der Universität und den Innenhof zu blicken, da ich erwartete, dass dort drüben eine

---

5 Tischler, Franziska, in: Buchner, Martin (Hrsg.), Niederbayerische Sagen und Geschichten, Passau 1951, 87.

Konferenz stattfand. Aber es war alles dunkel und verlassen. Es ist ja auch eher unwahrscheinlich, dass Samstagnacht eine Konferenz stattfindet. Dann lief ich weiter zum Aufgang des Dachbodens, doch auch dort war alles dunkel und nichts zu hören. Als ich wieder ins Geisterzimmer trat, waren die Geräusche sehr leise geworden, aber noch zu hören. Nach einer Weile verließen wir dann das Zimmer. Spät nachts, gegen 2 Uhr, gingen wir noch einmal ins Geisterzimmer und wieder hörten wir Stimmen und Schritte. Man konnte diesmal eine weibliche und eine männliche Stimme unterscheiden."

Am 23.6.2012 spürten, während einer Privatveranstaltung, wieder mehrere Personen in zwei verschiedenen Gruppen den Boden des Geisterzimmers unter sich schwanken, was danach noch oft von Gästen berichtet wurde. Außerdem sahen zwei Personen eine schwarze Schattengestalt vor sich stehen, als sie allein im Zimmer waren. Im nahe gelegenen Rittersaal wurde an diesem Abend ebenfalls eine schwarze Schattengestalt gesichtet.

Am 1.9.2012 konzentrierten sich die Ereignisse erneut auf den Bereich des Geisterzimmers und Rittersaals. Als sich die kleine Gruppe im Geisterzimmer versammelt hatte, wurde in die Dunkelheit gefragt: „kannst Du einen von uns berühren?" Daraufhin wurde zuerst der Besucher Andreas an Hals, Wange und bis zum oberen Haaransatz berührt, und dann einer Dame über den Kopf gestrichen. „Zu dieser Zeit wurde es auch extrem kalt um uns herum, was wir alle drei deutlich spüren konnten. M. hörte aus der Ecke rechts von der Tür ein Rascheln, wie von langen Gewändern [Anmerkung: schon früher von Gästen im Bereich der Prunksäle und Kapelle hin und wieder berichtet worden]. Sie fühlte zu dieser Zeit auch, dass jemand direkt vor ihr steht. Ein bedrohliches Gefühl, als ob sie jemand gleich ohrfeigen würde." Im Rittersaal hörte die Gruppe dann deutliche Schritte und Klopfgeräusche.

Am 17.11.2012 wurden im Geisterzimmer wieder Stimmen und Schritte gehört. Kurz zuvor fühlte sich der Boden so an, als ob er schwanken würde. Auch am 6.4.13 berichteten zwei Damen davon, sie hätten das Gefühl, als ob das Zimmer schwanken würde. Zuletzt ereigneten sich am 19.9.14 hier erstaunliche Dinge. Eine Teilnehmerin erzählt: "Wir nahmen deutliche Schritte wahr und man konnte einige Male sogar die Vibrationen spüren. Es war so, als ob jemand in unserer Nähe herumschleichen würde. Auch leise Stimmen, Schlurfen wie auf Socken und Kleiderrascheln war zu hören. Wir stellten laut einige Fragen, auch in Fremdsprachen. Immer wenn Französisch oder Englisch gesprochen wurde, schien die Aktivität stärker zu werden. Besonders toll war aber das Erlebnis am Schluss, als sich einer der Stühle im Zimmer zu bewegen schien, so als ob jemand davon aufgestanden wäre."

Auch im Bereich vor dem Geisterzimmer, im Gang, sowie im nahe gelegenen Treppenhaus wurden bereits sehr häufig Stimmen gehört, und manches Mal auch aufgenommen. Eine besonders deutliche Aufnahme lässt ein besorgt klingendes „Mylady" hören und entstand, als sich eine Teilnehmerin nach einer Tour erschöpft auf den Boden sinken ließ. Vielleicht ein besorgter Gentleman? Warum so viele Stimmen in Englischer Sprache aufgenommen wurden, kann man nur vermuten. Vielleicht handelt es sich ja um den aus Schottland stammenden Grafen Alexander Hamilton, der einst das Schloss besaß?

Vom Treppenhaus aus gelangt man in den großen Rittersaal. Auch dort ereigneten sich bereits viele seltsame Dinge. Am 24.9.2010 hörte eine Gruppe dort Schritte und Stimmen, obwohl sonst niemand im Haus war. Kurz darauf wurde eine Dame von etwas am Rücken berührt.

Ein besonders einschneidendes Erlebnis hatte eine Gruppenleiterin während einer Führung am 23.9.2011. Sie saß allein im Rittersaal, um einige Notizen zu machen. Es war niemand weit und breit, die Gruppe war mit einer anderen Gruppenleiterin im Keller. Plötzlich hörte sie, wie ein Stuhl an ihrem Tisch heraus gezogen wurde und quietschend über das Parkett rutschte, so als ob jemand aufgestanden wäre und den Stuhl verschoben hätte. Erschrocken stand sie auf und ging schnell aus dem Saal, als sie im Treppenhaus auf die zweite Gruppenleiterin traf, die kreidebleich vor ihr stand und sagte „da ist gerade vor Dir eine Schattengestalt aus dem Raum gekommen."

Auch am 16.9.2013 war eine Gruppenleiterin etwa eine halbe Stunde allein im Rittersaal, um eine Audioaufnahme zu machen. Während dieser Zeit waren immer wieder seltsame Geräusche, Poltern und Schritte zu hören. Auf der entstandenen Tonbandaufnahme hört man außerdem eine Männerstimme, kurz bevor sie den Raum wieder verließ. Die Stimme scheint erneut Englisch zu sprechen, man versteht ein „too much for us".

Unweit des Rittersaales befindet sich die Schlosskapelle. Auch dort scheint es hin und wieder unheimliche Phänomene zu geben. So besuchte am 24.9.2010 eine Gruppe nachts das Gotteshaus. Dort bemerkten sie einen starken Geruch nach Zigarrenrauch, dem sie bis zur Tür des Geisterzimmers im 1. Stock folgen konnten, bevor er verschwand.

In der Kapelle wurde auch schon oft ein Schatten gesehen, der hinter dem Altar vorbeihuschte, und die Türklinke wird manchmal wie von Geisterhand nach unten gedrückt, so auch am 27.10.2012. An diesem Abend wurde in der Kapelle, kurz vor dem Ereignis, auch das Rascheln von Gewändern gehört. Außerdem wurden hin und wieder Stimmen aus dem Nichts, z.B. „Geh weg!" gehört. Immer wieder wurde Zigarrengeruch wahrgenommen. Eine Dame wurde in der Sakristei am Ärmel gezogen, und manchmal hört man von außen in der leer stehenden Kapelle lautes Poltern.

In den prunkvollen Marmorsälen des Palas gibt es einige Nischen mit kleinen Statuen. Eine dieser Nischen scheint ein dunkles Geheimnis zu bergen, da dort bereits unabhängig voneinander fünf verschiedene Personen eine große schwarze Schattengestalt gesichtet haben, zuletzt Herr L. R. am 27.10.2012. Interessant ist, dass an dieser Stelle der Nische in früherer Zeit ein Durchgang zum anderen Zimmer war. Während eines Besuches am 19.9.14 hörte man minutenlang lautes Knallen und Poltern im Raum mit den Nischen und in den angrenzenden beiden Sälen. Eine Zeugin berichtet: "Anfangs klang es zweimal so, als würde oben jemand eine Tür zuknallen. Später knackste und klopfte es im Saal nebenan ständig. Auch Schritte waren zu hören. Die Geräusche verlagerten sich mit der Zeit in den anderen angrenzenden Saal und schließlich nach oben in den Rittersaal. Von dort klang es wie Schritte und Möbelrücken. Es gibt eine Treppe von einem der unteren Säle direkt in den Annex des Rittersaales. Vielleicht ist der Geist darüber nach oben gegangen, das würde es erklären."

Auch in der Ausgrabungsstätte im Keller des Palasgebäudes gab es schon viele unheimliche Erlebnisse. So erzählt eine Teilnehmerin einer Führung davon, was sie am 3.12.2011 dort erfahren hat: „Ich spürte auf einmal an der Hand etwas, das sich anfühlte, als ob eine Katze an mir vorbei streicht. Später spürte ich ein ähnliches Gefühl am kleinen Finger und auf eine Frage von mir, hörte ich an meinem Ohr ein deutliches *nein.*" In einer anderen Gruppe wurden am selben Abend ähnliche Dinge erlebt. Die Gäste berichteten über Stimmen, sahen eine Lichterscheinung und eine Dame wurde am Bein berührt. Dieses Gefühl, von etwas berührt zu werden, tritt sehr häufig auf. Einige Personen hatten den Eindruck, es handle sich um einen Jungen, der dort unten umgeht. Besucher berichteten davon, ein Kind umklammere ihr Bein und schmiege sich an sie. Andere hörten und spürten das Getrappel kleiner Füße auf dem Holzsteg, der über die Ausgrabungsstätte läuft.

Dort unten, im ältesten Teil des Schlosses, hörte eine Dame eine Stimme, die „Paul" sagte: „Wir alle hatten plötzlich an den Beinen bis zum Knie oder Mitte des Oberschenkels ein starkes Kälteempfinden und Kribbeln. Andreas hatte während unseres gesamten Aufenthaltes in den Ausgrabungen das Gefühl, als würde sich etwas an sein Bein schmiegen. Als wir auf dem Steg standen - vollkommen ruhig, merkten wir, wie sich dieser bewegte, so als würde jemand darüber laufen. Auf die Aufforderung „kannst Du jemanden von uns berühren", merkte Andreas, wie etwas über seinen Finger strich und wieder spürte er etwas an seinem Bein. Erst als wir die Ausgrabungen verlassen hatten, war dieses Gefühl verschwunden." Diese Ereignisse trugen sich allesamt in der Hauptburg zu. Doch auch in der Vorburg, v.a. im alten Braumeisterwohnhaus und der Mälnerei, die heute im oberen Teil als Hotel genutzt wird, geht es nicht mit rechten Dingen zu. Im Juli 2010 berichtete ein weiblicher Gast davon, etwas habe sie im so genannten „Mälzgewölbe" an der Wange gestreichelt. Eine andere Frau erzählte, sie sei von einem Kind an der Hand gefasst worden. In diesem Raum wurde auch einmal eine geisterhafte Stimme einer älteren Frau aufgenommen, die in tiefstem Bayerisch sagte „Gehn die scho hoam?", vermutlich mit Bezug auf eine kleine Gruppe amerikanischer Gäste, die bei einer Privatführung gerade den Raum verlassen hatten.

Zuletzt berichtete eine Dame davon, sie wäre am 5.7.13 im Mälzgewölbe von etwas Unsichtbarem angefasst worden. Nur ein paar Meter von besagtem Gewölbe entfernt, liegt der Eingang zu einem Zimmer, das sich im Erdgeschoss des Nordost-Turmes befindet. Am 14.4.2012 hatten zwei Freundinnen ein gruseliges Erlebnis: „Wir merkten, wie hier die Temperatur um einige Grad kälter war als im Rest des Gebäudes, und konnten in diesem begrenzten Bereich sogar unseren Atem sehen. Es herrschte eine bedrohliche Atmosphäre. Meine Freundin wollte den Raum erst gar nicht betreten. Nach einer Weile wurde es besser und nach einigen weiteren Minuten wurde es auch wieder wärmer."

Der Eingang zum unteren Zimmer des Nordost-Turms

Im Bereich des Braumeisterwohnhauses gibt es eine Treppe zum 1. Stock. Auf dieser hatten schon sehr viele Personen das Gefühl, jemand würde hinter ihnen laufen, obwohl sie allein waren. Hier ein Bericht einer Zeugin: „Als ich nach oben in den 1. Stock ging (als Letzte der Gruppe), hörte ich deutlich Schritte hinter mir, spürte die Vibrationen davon auf der Holztreppe und hatte das deutliche Gefühl, dass jemand direkt hinter mir steht. Als ich mich umdrehte, war niemand zu sehen. Alle aus der Gruppe waren bereits im 1. Stock versammelt."

Auch starkes Herzklopfen und ein unheimliches Gefühl wurden oft von Personen berichtet, die die Treppe benutzt hatten. Zuletzt hatte eine Gruppe am 19.9.14 ein entsprechendes Erlebnis: vier Personen hatten, unabhängig voneinander, auf der Treppe den Eindruck, jemand sei dicht hinter ihnen gelaufen. Eine weitere Person berichtete hingegen von großem Unwohlsein. Am Fuße der Treppe wurde es schlagartig sehr kalt, als plötzlich in der Nähe eine Holztüre laut zuknallte, obwohl die Gruppe allein im Gebäude war.

Die Treppe im Braumeisterwohnhaus

Eines der aktivsten Zimmer des Schlosses scheint das so genannte „Kinderzimmer" zu sein, in dem oft eine bedrückende Atmosphäre herrscht, die Temperatur schnell um etliche Grade sinkt, Personen über elektrisierendes Kribbeln und Taubheitsgefühl berichten, man Schritte und Stimmen hört, und in dem in den Jahren 2010 und 2011 zweimal große Plasmakugeln jeweils von der ganzen Besuchergruppe gesehen wurden. Die Kugeln erschienen in einer Ecke der Wand, waren etwa kokosnussgroß, bläulich bis weißlich, und schwebten langsam durch das Zimmer, um in der gegenüberliegenden Wand wieder zu verschwinden. Zu diesem Zeitpunkt herrschte klares, trockenes Wetter, es war auch kein Gewitter weit und breit. Wie die Plasmakugeln unter diesen Bedingungen entstehen konnten, und wieso diese zweimal im selben Raum auftraten, muss wohl ungeklärt bleiben.

Am 16.3.2013 hatten eine junge Dame und ein Gruppenleiter ein Erlebnis. Die Temperatur fiel plötzlich in einer Ecke des Zimmers auf -4 Grad ab, während der Rest des Zimmers konstante Messwerte zeigte. Zu dieser Zeit sah Frau S. eine transparente kleine Gestalt durch die Tür treten. Auch waren dabei Schritte zu hören. Als später am selben Abend zwei Herren im Kinderzimmer waren, fiel die Temperatur auf der linken Seite des Raumes wieder bis in den

Minusbereich und war somit kurze Zeit kälter als die Außentemperatur. Auch die Atmosphäre war eher bedrückend. Zu dieser Zeit wurde eine Stimme aufgenommen, die deutlich „Alex" (englische Aussprache) sagte. Die Stimme konnte nicht zugeordnet werden und niemand aus der Gruppe sprach Englisch oder hieß Alex. Wieder drängt sich der Gedanke an Alexander Hamilton auf.

Zuletzt wurden bei einem Besuch am 19.9.14 immer wieder Schritte gehört. Auch waren ganz deutlich Geräusche wie von einer knarrenden Holztreppe und sehr leise Stimmen zu hören. Einmal vibrierte sogar der Boden im Kinderzimmer, als ob jemand im Zimmer herumgelaufen wäre. Im Dezember 2010, bei einem Besuch im obersten Zimmer des Nordost-Turmes, berichtete eine Frau davon, sie spüre eine tiefe überwältigende Traurigkeit und sie habe eine Vision von einem Edelfräulein. In besagtem Turmzimmer wurde am 1.4.2011 eine geisterhafte Frauenstimme aufgenommen, die eine deutliche Botschaft an die Besucher hatte: „Geht nach Haus!"

Und somit beende ich diesen kurzen Einblick in das gespenstische Treiben im Schloss Neuburg, von dem wir als Besucher immer nur einen kleinen Bruchteil der Vorfälle erleben können – vielleicht auch besser so.

Die schwarze Kreatur

Schloss Ortenburg ist ein wunderschönes Schloss, das über dem Wolfachtal thront. Die erste Burg an diesem Ort wurde bereits in der ersten Hälfte des 12. Jahrhunderts von einem einst mächtigen Adelsgeschlecht errichtet. Nach mehrmaliger Zerstörung der alten Burg, wurde dann an derselben Stelle im 16. Jahrhundert das Schloss gebaut, das wir heute kennen.

Viele Generationen von Grafen bewohnten im Laufe der Jahrhunderte diesen Ort, der seit dem 16. Jahrhundert und bis in die heutige Zeit eine evangelische Enklave im ansonsten vorwiegend katholischen Bayern ist. Im 20. Jahrhundert fiel es dann in bürgerliche Hände.

Ob die adeligen Schlossgeister wohl damit glücklich sind? Oder versuchen sie die „Eindringlinge" möglichst schnell aus ihrem Stammschloss zu vertreiben?

Den folgenden Geschichten nach, könnte das durchaus der Fall sein.

Zum ersten Mal wurde am 5.10.2013 eine nächtliche Tour durch das Schloss durchgeführt. Was sich in dieser Nacht jedoch ereignete, lässt sicher jedem die Nackenhaare zu Berge stehen. Die Teilnehmerin Sarah berichtet: „J. und ich sahen im Gräflichen Empfangszimmer Leute auf den Stühlen auf der rechten Seite sitzen. Ganz vorne saß eine Frau mit schwarzem Kleid und großem Schleier über dem Gesicht. Sie sah traurig und wütend aus. An einer Wand war ein Spiegel, durch den J. und ich Bewegungen gesehen haben. Als ich in den Spiegel blickte, habe ich außerdem gesehen, wie die Dame mit dem Schleier plötzlich hinter mir stand."

Neben einigen weiteren Vorfällen, wie von alleine aufgehende Türen, gab es dann noch einen Live-Horrorfilm auf dem Dachboden hinter dem ehemaligen Pensionszimmer Nr. 2.

„Es fing damit an, dass die Taschenlampe von J. ausging. Aus dem hinteren Teil des Dachbodens hörten wir dann jemanden murmeln.

Gleich darauf bemerkten wir (zu dieser Zeit waren wir zu dritt), dass die Türe im Speicher sich bewegte. Wir spürten daraufhin deutliche Vibration auf dem Holzboden, so als ob jemand darauf herumlaufen würde, und es waren auch Schritte zu hören. Plötzlich ging der von uns aufgebaute Bewegungsmelder los und als wir an die Stelle sahen, konnten J. und ich deutlich zwei Beine im schwachen Schein des Lämpchens stehen sehen.

Als wir einige Minuten später in den Vorraum gingen, in die Richtung, in der wir die Beine kurz zuvor gesehen hatten, war da ein Schatten an der Tür und danach begann etwas Schwarzes auf uns zu zu kriechen. Es sah ein bisschen wie eine Kreatur aus einem Horrorfilm aus und es machte seltsame ruckelnde Bewegungen. Danach gingen wir schnell wieder in den Hauptraum zurück. Wir begannen damit, Fragen zu stellen, da wir wissen wollten, wer bei uns sei. Wieder spürten wir starke Vibration des Bodens, also ob jemand laufen würde. Plötzlich wurde J. heftig von etwas gestoßen, so dass sie nach vorne fiel und gegen mich prallte. Wir verließen den Dachboden erst einmal, kamen aber später wieder zurück. Diesmal war ich mit U. und F. unterwegs. Wieder war Murmeln zu hören.

Als ich Richtung Ausgang leuchtete, ist jemand schnell dem Schein der Taschenlampe ausgewichen."

Auch im Museumstrakt passierte an diesem Abend etwas, das keiner für möglich gehalten hätte. Um etwa 0.15 Uhr erkundeten drei Personen gerade einen versteckt gelegenen Raum, dessen Aufgang durch einen Samtvorhang verborgen war, als sie plötzlich laute Männerstimmen hörten, die sich angeregt unterhielten. Es klang so, als würden sie direkt vor dem Piano stehen. Sofort liefen die drei aus ihrem „Versteck", um zu sehen, wer denn um diese Zeit unerlaubterweise ins Schloss eingedrungen sei. Doch es war weit und breit niemand zu sehen.

Bei einem Besuch eines Gastes am 21.12.13 im Dachoden hinter Zimmer Nr. 2, wurde dieser ebenfalls von etwas geschubst. Kurz zuvor hatte er über ein ungutes Gefühl und einen starken Druck in den Ohren geklagt.

An diesem Abend ereignete sich eine Vielzahl kleinerer Vorfälle. Wieder gingen Türen von selbst auf, bzw. sperrten sich von alleine ab.

An verschiedenen Stellen des Schlosses wurden Vibrationen, wie von Schritten, wahrgenommen und Schattengestalten gesehen. Am 15.3.14 gab es erneut einige Vorfälle: „Es war an diesem Abend relativ ruhig, bis wir gegen Ende unseres Besuches auf der Treppe zu Zimmer 9 einen kleinen Ball platzierten, und darum baten, diesen zu bewegen. In Zimmer 9 war bei einem früheren Besuch eine Kinderstimme aufgenommen worden. Nach einer Weile konnten wir beobachten, wie die Temperatur an der Tür sank und plötzlich fing die Tür an, stark und laut zu rütteln. Danach öffnete sie sich ganz langsam – zuerst nur einen Spalt, dann weiter.“

Am selben Abend versuchten zwei medial veranlagte Besucherinnen, etwas Licht ins Dunkel des Dachbodens hinter Zimmer Nr. 2 zu bringen. Beide Teilnehmerinnen waren nicht bereit, den Hauptraum des Dachbodens zu betreten. Sie gaben beide an, der Hauptraum sei eine Manifestation des Schreckens und werde bis heute geprägt von Entsetzen. Der Hintergrund dafür sei folgender: In dem Raum habe sich jemand erhängt, der sich die Schuld an einem tödlichen Unfall gab, an dem er allerdings gar keine Schuld gehabt habe. Obwohl sein ganzes Umfeld ihm dies eindringlich bestätigte, habe er dies nicht akzeptieren können und sei nicht davon abzubringen gewesen, Selbstmord zu begehen, um seine vermeintliche Schuld zu sühnen. Das Entsetzen desjenigen, der ihn im Dachboden entdeckt habe, liege bis heute über dem Raum.

Am 27.6.14 besuchte erneut eine Gruppe besagten Dachboden. Wieder wurden deutlich Vibrationen gespürt, wie von Schritten. Es wurde auch eine Art Nebel gesehen, in dem alles verschwommen aussah. Die Gäste fühlten am ganzen Körper ein elektrisierendes Kribbeln. Als drei Personen allein im Hauptraum blieben, sahen sie in einer Ecke eine hellgraue Gestalt. Zu dieser Zeit wurde auch eine Stimme aufgenommen, die wie ein Kind oder eine Frau klingt.

Nach dieser Sichtung verließen die drei zügig den Raum. Doch eine Teilnehmerin kehrte später noch einmal zurück, um einige Minuten alleine dort zu bleiben. Nach nur wenigen Minuten kam sie wieder, um zu berichten, etwas habe sie umfasst und ihr die Luft abgedrückt. Besonders freundlich scheint das Wesen am Dachboden jedenfalls nicht zu sein. Ob es sich von den Besuchern wohl gestört fühlt?

Kapitel 6 Unerklärliches

Dieses Kapitel widmet sich verschiedenen Arten von Phänomenen, die sich von Wahrträumen, über verfluchte Gegenstände, bis hin zu Spuk an eher ungewöhnlichen Orten erstrecken.

Stimmen und das Lachen spielender Kinder

Eine junge Dame berichtet von einem kurzen Erlebnis der unheimlichen Art, das sie bei einem nächtlichen Spaziergang mit ihrem Freund hatte: „Ich war mit einem Freund mitten in der Nacht bei einer Grotte. Dort hörten wir die Stimmen und das Lachen spielender Kinder, obwohl niemand zu dieser Zeit an dem Ort war. Wir sahen auch ein Licht."

Bei einem nächtlichen Spaziergang hörten sie das Lachen spielender Kinder.

Die Geisteruhr

Frank Seidel erlebte scheinbar eine unheimliche Geschichte mit einer „Geisteruhr".

Er schreibt: „Eine Kundschaft fragte meine Mutter, ob ich einen alten Regulator haben möchte, weil ihr die Uhr unheimlich war. Sie sagte, dass das eine "Geisteruhr" wäre, und sie wolle sie einfach nur loswerden. Ich könne sie geschenkt haben." Offenbar stammte die Uhr aus dem Besitz ihres Lebensgefährten. Dieser Regulator habe, so habe ihr der Lebensgefährte berichtet, zum Todeszeitpunkt seiner Frau zu schlagen angefangen und nicht mehr aufgehört, bis die Gewichte ganz unten waren. Nun war der Witwer mit der Dame liiert, der dieser Regulator einfach unheimlich war.

„[…]und sie meinte, dass mit der Uhr etwas nicht stimmt." Da sie sich in die Sache hineinsteigerte, hielt sie es bald nicht mehr aus und bat Herrn Seidel darum, diese bei ihr abzuholen, was er auch prompt tat.

„Bei mir zu Hause stellte ich dann die 2 Meter hohe Uhr auf, und spielte mich eine ganze Weile, bis ich die Uhr zum Laufen brachte. Ich beobachtete dann die Uhr und dachte mir noch *"Na ob das wirklich eine Geisteruhr ist"*, und genau in demselben Augenblick krachte das Pendel der Uhr mit einen Rums runter (obwohl ich es vorher fest eingehängt hatte). Mir war dann die Uhr auch ein bisschen unheimlich, und ich dachte dass es besser wäre, wenn ich sie nicht im Haus hätte."

Also packte Herr Seidel sie an einem Samstag in sein Auto und stellte sie in seinem Büro auf.

„[…] ich dacht mir noch, da kann sie spuken wie sie will." Er ölte das Läutwerk und hörte auf den Stundenschlag, zu dem die Uhr die Melodie von „Big Ben" spielte. Danach sperrte er das Büro ab und ging nach Hause.

Nach dem Wochenende kam er montags wieder ins Büro und wunderte sich sehr, als die Uhr keinen Mucks mehr von sich gab –

keine vertraute Melodie ertönte zur vollen Stunde. Neugierig, was denn nun der Grund für das hartnäckige Schweigen des Regulators sein könnte, schraubte er den hinteren Uhrendeckel herunter. Es bot sich ihm ein Anblick der Zerstörung, denn alle 3 Hämmer des Läutwerks waren nach rechts umgebogen worden, wobei sie vorher vollkommen in Ordnung gewesen waren. Niemand war seit dem Aufstellen der Uhr ins Büro gekommen, niemand hatte die Chance, sich an dem Regulator zu schaffen zu machen. Herr Seidel musste sofort an eine Kundin denken, die ihm einmal erzählt hatte, sie hätte die Begabung, Geister sehen und spüren zu können.

Er erzählte ihr daraufhin die ganze Geschichte und bat sie ins Büro, um sich die Uhr anzusehen. „Die Kundin berührte dann die Uhr, und bekam richtig einen Schlag und meinte, dass die Uhr stark mit negativer Energie geladen wäre. Sie hatte dann 2 Tage lang Kopfweh, nach ihrer Begegnung mit der Uhr."

Doch seit dieser Zeit tickt die Uhr friedlich vor sich hin und es gab keinerlei unheimliche Vorfälle mehr.

Die Geisteruhr

Das schwarze Gemälde

Frau S. H. hat uns folgende Geschichte zu erzählen: „Als ich meinen 18. Geburtstag feierte, lud ich ein paar Freunde und Schulkameraden ein und wir machten uns einen schönen Abend. Irgendwann fingen wir an, uns gegenseitig zu erzählen, was uns alles schon Grusliges und Unerklärliches passiert ist. Eine Schulfreundin (ich nenne sie mal K.) fing an. Sie erzählte von einem Abend, bei einer Freundin (genannt A.). Die Oma von A. war vor einiger Zeit verstorben und im Gang hing ein altes Ölgemälde von ihr. Dies war so an sich nichts Besonderes, A.´s Oma hatte ein Faible für solche Gemälde und hatte sich einmal selbst porträtieren lassen. Jedenfalls waren K. und A. an dem Abend allein in A.´s Wohnung gewesen, die Mutter war ausgegangen. Sie waren in A.´s Zimmer und witzelten miteinander. Irgendwann bekamen sie Durst und Hunger, also wollten sie in die Küche. A. ging voraus und als sie im Gang war, hörte K. sie laut schreien. K. rannte aus dem Zimmer und erschrak. Das Gesicht der Oma auf dem Ölgemälde, welches im Gang hing, war auf einmal pechschwarz. Nur die Augenhöhlen waren zu erahnen. Die beiden starrten wie erstarrt auf das Gemälde. Als sie sich von dem ersten Schock erholt hatten, rannten sie panisch in A.´s Zimmer und kamen nicht mehr heraus, bis A.´s Mutter nach Hause kam. Sie ging zu den Mädchen ins Zimmer und als sie die beiden kreidebleich auf dem Bett sitzen sah, fragte sie ganz erstaunt, was denn passiert sei. A. erzählte ihrer Mutter, was mit dem Gemälde war, doch diese meinte, dass sie an dem Gemälde vorbei gelaufen sei, und es ganz normal aussah. Tatsächlich war das Gesicht der Oma wieder ganz normal und seither ist mit dem Gemälde auch nichts mehr passiert."
Diese Geschichte erinnert ein wenig an die oben in Kapitel 2 bereits aufgeführte Geschichte über das schwarz gewordene Foto.

Berichte zeugen von schwarz gewordenen Gemälden oder Fotos.

Der rettende Traum

Claus Speer teilte mir ebenfalls eine unerklärliche Geschichte mit, die er bei einer Veranstaltung der Unitarier von dem Betroffenen gehört hatte. Dieser gab damals seinen Erlebnisbericht in einem Vortrag wieder. Nach den Angaben Herrn Speers, fand der Vortrag im Ort Weinsberg in Baden-Württemberg, in den 1970er Jahren statt. „Ganz zu Beginn des 2. Weltkrieges wurde der damalige Referent als Soldat eingezogen. Die meisten Deutschen und auch er waren zu dieser Zeit noch vollkommen siegesgewiss. Eines Nachts hatte er einen äußerst lebhaften Traum, der ihn noch wochenlang verfolgte, weil er ihn vollkommen realistisch und eindringlich erlebt hatte.

Er gehörte einer zersprengten Gruppe einer geschlagenen Armee an, mit fremden Uniformen. Sie standen vor einem großen Wasser, das sie überqueren wollten. Sie marschierten noch fast einen Tagesmarsch flussabwärts und erreichten eine Brücke, die sie ans andere Ufer brachte. Dort war das Ziel ihres Sehnens." Doch die schrecklichen Kriegsjahre verdrängten den Traum aus seinem Gedächtnis. Als er im Frühling 1945 auf der Flucht vor den heranrückenden russischen Truppen war, seine Einheit hatte sich schon aufgelöst, kam er mit einigen Kameraden an die Hochwasser führende Elbe.

Da sie hofften, sie würden so dem Feind entgehen, zogen sie die deutschen Uniformen aus und schlüpften stattdessen in Russische, um sich zu tarnen. Die feindlichen Truppen waren nicht weit hinter ihnen und sie waren unter Zugzwang. „Auf der anderen Seite der Elbe, das wussten sie, waren die Amerikaner und nur dort wollten sie in die Gefangenschaft. Es hatte sich herumgesprochen, dass die Amerikaner im Gegensatz zu den Russen die Kriegsgefangenen ordentlich behandelten und gut ernährten.

Die Verzweiflung wuchs, weil sie wussten, dass alle Brücken gesprengt waren. Einige Kameraden versuchten schwimmend die eiskalte Elbe zu überqueren, verschwanden aber schon nach kurzer Strecke auf Nimmerwiedersehen in den Fluten."

Die Soldaten befanden sich in einer schier aussichtslosen Lage und waren verzweifelt.

„Plötzlich fiel unserem Soldaten sein Traum aus den Anfangszeiten des Krieges wieder ein. Exakt diese Situation mit allen Details hatte er schon einmal in seinem Traum erlebt. Die Uniformen, die Landschaft, die Kameraden, alles war bis ins Kleinste genau so, wie er es damals zu Beginn des Krieges geträumt hatte. Er wusste einfach plötzlich wie es weiterging. Mitten in dieser resignierenden Lähmung, sprang er wie von der Tarantel gestochen auf und rief, er kenne die Rettung. Alle folgten ihm blindlings obwohl natürlich keiner verstehen konnte warum er dies hätte wissen sollen. Seine absolute Sicherheit war aber ansteckend und rief in allen die letzten Kräfte hervor."

Die Soldaten gelangten also an die im Traum gesehene Stelle, gerade in dem Augenblick, als die Amerikaner eine Pontonbrücke vom andern Ufer aus fertig gestellt hatten. So konnten sie als Erste diese Brücke benutzen und sich in Sicherheit bringen. Allerdings kamen sie dadurch in amerikanische Kriegsgefangenschaft – wohl das weitaus kleinere Übel. „Dieses Erlebnis hatte diesen Mann nie wieder losgelassen."

Zahn um Zahn

Herrn Dolfi Platzatkas Geschichte dreht sich ebenfalls um Träume, doch sind diese leider mit weniger positivem Ergebnis verbunden.

Er träumt manchmal den Tod von Verwandten oder Bekannten voraus, doch handeln seine Träume nicht direkt von deren Tod. Er träumt stattdessen ungewöhnlicherweise, dass er Zähne verliert. Wenn es sogar blutet oder er von Schmerzen träumt, wird ein Familienmitglied sterben. Dies sei ihm aber zum Glück nur zweimal passiert, 1994 und 2012.

Er erzählt: „Das begann mit meinem 40 Lebensjahr, als mein Vater verstarb. Danach bei Personen, die ich sehr gut kannte." Leider konnte er bei diesen Träumen nicht wissen, wer demnächst sterben würde. „Ich hatte dann nur die Bestätigung meiner Träume und der Wirkung durch die Todesfallmeldung. Mein letzter Traum war 2012, als meine Mutter starb. Hier war aber eine Zeitverzögerung von 3 Wochen zwischen Traum und Ereignis/Tod. Ich hatte den Traum nicht meiner Mutter zugeordnet, obwohl es mehrere Zähne waren, die ich plötzlich [im Traum] in der Hand hatte. Allerdings kam meine Mutter unerwartet ins Spital, wo sie innerhalb von 4 Tagen verstarb. Es waren auch vier Zähne die ich im Traum verlor." Der Tod der Mutter wurde nicht nur durch seinen Traum angekündigt, es ereignete sich auch am Sterbetag noch etwas Ungewöhnliches: „Es löste sich […] auch ein Bild im Wohnzimmer vom Haken und fiel herunter, am Todestag meiner Mutter. Seit damals hatte ich keinen Traum mehr, der sich damit beschäftigt." Wir wollen hoffen, dass es dabei bleibt."

Am Ende des Tunnels

Frau S. weiß von einem Erlebnis zu berichten, dass ihr die Großmutter einst anvertraute.

„Meine Großmutter hat mir, als ich noch ein Teenager war, eine Geschichte über ein Nahtoderlebnis erzählt. Ich erinnere mich noch recht gut daran, wie ich in der Küche der alten Dame saß und wie erstaunt ich war, als die sehr praktisch veranlagte Frau plötzlich ein derartiges Thema anschnitt. Sie erzählte mir, dass sie in den 1920er Jahren als junge Frau einmal schwer krank wurde, doch leider erinnere ich mich nicht mehr an die Details der Krankheit. Sie wurde ins Krankenhaus gebracht, doch ihr Zustand verschlechterte sich zunehmend. Nach einigen Stunden und vergeblichen Bemühungen der Ärzte, wurde der Herzstillstand festgestellt. Während dieser Zeit erlebte meine Großmutter Erstaunliches. Sie beschrieb einen langen Tunnel, an dessen Ende ein helles Licht zu sehen war. Sie schwebte durch diesen Tunnel und kam in eine wunderschöne Landschaft, voller Licht, duftenden Blumen und einem glitzernden Strom. Dort setzte sie sich hin und war vollkommen glücklich und zufrieden, wollte nie wieder weg. Doch nach einer Weile wurde sie plötzlich gewaltsam fortgerissen aus dieser Idylle und musste zurück durch den Tunnel. Die nächste Erinnerung war an ihr Krankenbett. Sie war reanimiert worden und überstand diese schwere Zeit, wenn auch ihr Herz durch die Krankheit Zeit ihres Lebens in Mitleidenschaft gezogen war. Als ich sie dann, voll von der Euphorie eines Teenagers, fragte, ob sie denn nun darin einen Beweis für ein Leben nach dem Tode sehe, sah sie mich nur überrascht an und antwortete „nein". Diese Antwort konnte ich als Teenager nun gar nicht begreifen, da das von ihr Erlebte mir doch ein sicherer Beweis zu sein schien. Sie jedoch hielt es wohl eher für eine Illusion, ein Trugbild. Ich wünsche mir manchmal, ich könnte sie, die mittlerweile viele Jahre verstorben ist, noch einmal sehen und fragen, ob es nun ein Trugbild war oder doch mehr..."

Viele Nahtoderfahrungen handeln vom Licht am Ende eines Tunnels.

Der unsichtbare Anhalter

Frau K. besuchte eines Tages mit einer Freundin eine Ausstellung zum Thema „Begräbnisse". Sie erzählt: „Es war ein alter Begräbniskutschenwagen ausgestellt und verschiedene Metallgrabkreuze, Fotos verstorbener Kinder, Funde aus Gräbern, u.a. von vermuteten Widergängern. Von Letzteren gab es auch Fotos, teilweise mit Steinen zwischen den Zähnen oder Felsbrocken auf den Beinen. Es war eigentlich alles recht interessant und wir haben uns auch nicht gefürchtet. Danach stiegen wir wieder ins Auto und fuhren über eine Landstraße. Dabei hatten wir beide das starke Gefühl, als ob jemand hinter uns im Auto sitzt. Und das Gefühl wurde immer bedrohlicher, immer stärker. Zuerst haben wir alle beide nichts gesagt, weil wir uns damit nicht blamieren wollten. Doch irgendwann kurz vor unserem Dorf habe ich dann beschlossen, ich muss jetzt sagen, dass irgendwas nicht passt. Meine Freundin, die am Steuer saß, war schon halb wahnsinnig vor Angst und meinte *„Was soll ich denn jetzt machen? Ich halt jetzt an, ich fahr keinen Meter mehr weiter."* Und man hat echt das Gefühl gehabt, wie wenn hinter uns jemand jeden Moment über unsere Schulter greifen würde, richtig eklig. Also, bei der nächsten Einfahrt fuhr die Vroni raus und wir sind beide wie die Kometen aus dem Auto gesprungen und da standen wir dann mitten in der Pampas. Das unangenehme Gefühl war plötzlich absolut weg. Wir fragten uns dann beide, was um Himmels Willen machen wir denn hier? Warum stehen wir jetzt mutterseelenallein irgendwo in der Wildnis neben dem Auto? Wir sind also wieder eingestiegen, das Gefühl war komplett verschwunden und wir konnten ganz normal heimfahren."

Wutentbrannt

Herr Chris Köppl, der im 2. Kapitel bereits über seltsame Erlebnisse nach dem Tod seiner Mutter berichtet hat, weiß noch von einem weiteren ungewöhnlichen Vorfall:

„Es trug sich zwischen dem ehemaligen Judenfriedhof und der Dorfstraße in Illereichen zu. Zwischen dem Friedhof und der Straße war ein Waldbereich. Mein Freund und ich hatten einen Ausflug dorthin gemacht, da es dort auch spürbare Kraftorte gibt. Nach dem Besuch des Friedhofs wollten wir noch ein paar Schritte durch das Wäldchen zum Parkplatz gehen. Wir waren gerade im Wäldchen, als ein ungutes Gefühl aufkam - ich kann das kaum beschreiben, als wären wir in eine fast spürbare Atmosphäre von Wut, Zorn und Aggression hinein getreten. Wir stritten, gifteten uns an und hießen uns üble Namen. Wutentbrannt sind wir raus aus dem Wäldchen, rein ins Auto und aufs Gaspedal, dass die Kieselsteine nur so spritzten. In dem Moment sah mein Freund mich an und fragte: "Was war denn jetzt das?" - denn eine solche Fahrweise sah ihm gar nicht ähnlich. Da erst merkten wir auch, dass die Streitereien zuvor auch nicht wirklich von uns ausgingen. Wir hakten es allerdings unter "Wer weiß, wer in dem Wald lebt?" ab. Möglicherweise hat sich hier etwas Schlimmes ereignet."

Herr Köppl denkt, es könnte vielleicht mit den schrecklichen Ereignissen während des Judenpogroms zu tun haben. Seit diesem Erlebnis mied er den Ort.

Feines Gespür

Man sagt Tieren ja einen besonderen Spürsinn und Instinkt nach. Herr M. kann das durchaus bestätigen. Ende der 1980er Jahre lebte der damals 26-Jährige mit seiner Freundin im Hause seiner Eltern. Diese bewohnten zwei durch Innentüren miteinander verbundene Reihenhäuser. Herrn Ms Freundin besaß einen Hund, der allerdings von der Hausherrin, Herrn M's Mutter, nicht gemocht wurde. Sie ignorierte das Tier so gut sie konnte.

Bald erkrankte die Mutter jedoch an Krebs und ihr Zustand verschlechterte sich zunehmend. Die Therapie schlug nicht an und sie lag im Sterben. „In der Nacht, in der sie starb, wachte der Hund meiner Freundin auf. Er heulte im Zimmer auf und rannte dann los. Wir schliefen in der oberen Etage im zweiten Haus. Meine Mutter lag in der unteren Etage im ersten Haus. [...] Der Hund öffnete die Türen so schnell, dass wir kaum hinterher kamen. Er rannte die Treppe runter und dann quer durch die Flure direkt zum Sterbebett meiner Mutter. Da lebte diese aber bereits nicht mehr.“

Wer hat Angst vor dem Schattenmann?

Die 21 Jahre alte Kimi Grümmer berichtete davon, dass ihre Familie seit vielen Jahren immer wieder von einer mysteriösen Schattengestalt heimgesucht wird. Ihr Erscheinen löst in der gesamten Familie Angst und Schrecken aus. „Ich möchte mit euch unsere Familienerlebnisse teilen, die sich um ein in schwarz gehülltes Wesen drehen. Das erste bekannte Ereignis erlebte mein Vater als Kind.

In seinem Kinderzimmer stand ein Nachtlicht, welches den Raum in dumpfes Licht hüllte. Plötzlich war in einer Ecke eine Person zu erkennen, die - ganz in Schwarz gehüllt - auf ihn zukam. Vor Panik sprang er auf und schaltete das Hauptlicht ein. In diesem Moment war das Wesen verschwunden. Eine weitere Situation ereignete sich, als meine Brüder noch kleiner waren - einer 7 Jahre, der andere ca. 4 Monate alt. Laut der Aussage des Älteren, wollte er nachts in die Küche, um sich etwas zu trinken zu holen. Als er ins Zimmer unseres kleinen Bruders sah, erkannte er eine dunkle Gestalt, die sich über das Bettchen beugte. Vor lauter Angst um das Baby, rannte er auf das Wesen zu, dieses jedoch packte seine Füße und schlug diese mehrmals aufeinander. Meine Eltern bekamen die Geräusche mit und fanden meinen Bruder mit rot geschlagenen Füßen vor. Jedoch war sonst niemand mehr im Zimmer. Das letzte Ereignis ergab sich, als ich ein Kleinkind war. Meine Eltern besaßen damals auf dem Land einen Campingwagen, in dem wir fast jeden Sommer verbrachten. Ich wurde schwer krank und bekam hohes Fieber, meine Eltern mussten also zum nächsten Krankenhaus. An einer einsamen Landstraße mussten sie an einer Ampel halten. Auf einmal lief auf dem Feld ein in Schwarz gehülltes Wesen entlang. Es sah nicht zu meinen Eltern rüber, ging einfach weiter durch die Dunkelheit. Meine Mutter spürte, dass es etwas "Böses" war, und auch heute ist sie davon überzeugt dass ich tot gewesen wäre, wenn sich dieses Etwas zu unserem Auto gedreht hätte. Seitdem ist nichts mehr in diesem Zusammenhang vorgefallen."

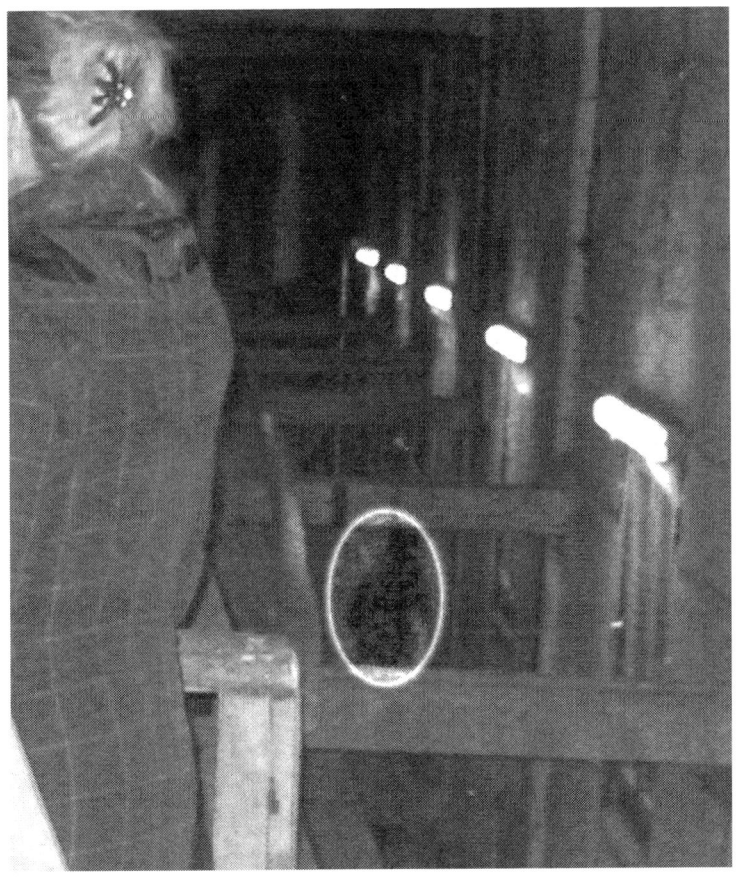

Was steckt hinter den vielen Berichten über Schattengestalten?

Ein früheres Leben

Besonders erschütternd ist es, wenn wir unheimliche Dinge erleben, die mit unseren Kindern zu tun haben. Ein solches Erlebnis hatte Barbara mit ihrer Tochter.

„Meine Tochter war etwa 2 1/2 Jahre alt, als wir uns eines Tages das Intro eines Videogames anschauten. Es war ein Segelschiff unter vollen Segeln zu sehen. Sie zeigte auf das Schiff und sagte sehr traurig "Da obafallt" (wir lebten in Bayern) ich schaute ihr in die Augen und sie blickte sehr ernst zurück. Ich sagte dann, um dem Ganzen etwas die Spannung zu nehmen "aber sie haben dich doch sicher wieder heraufgeholt". Sie schaute mich mit großen Augen an und schüttelte nur den Kopf.

Sie hatte auch immer panische Angst davor, Wasser ins Gesicht zu bekommen. Haare waschen war lange Zeit ein Riesendrama."

Das Buch

Evelyn L. erhielt in ihrer Kindheit eine unheimliche Botschaft aus dem Jenseits.

„Ich war etwa zwölf und hatte damals mein Zimmer auf dem Dachboden meines Elternhauses, der ansonsten noch nicht ausgebaut war. Hinter meinem Zimmer befand sich ein Raum, der damals als Räucherkammer genutzt wurde, und mein Bett stand genau an dieser Wand. Es war abends, gegen elf Uhr, als ich in meinem Zimmer auf meinem Bett gegen die Wand gelehnt saß und ein Buch aus der Bücherei las. Meine Eltern waren nicht zuhause, da mein Vater Schichtdienst hatte und meine Mutter auf einer Geburtstagsfeier war. Ich las lange Zeit in meinem Buch, war völlig vertieft, als ich plötzlich Schritte auf dem Dachboden hörte. Ich lauschte eine Weile angestrengt, aber es war nun nichts mehr zu hören. Also widmete ich mich wieder meinem Buch. Doch nun hörte ich erneut Schritte vor meiner Tür. Ich sah erwartungsvoll auf die Tür, da ich dachte, meine Mutter wäre vielleicht verfrüht heimgekehrt. Wieder wurde es still. Niemand trat ein. Ich versuchte nun, andere Erklärungen zu finden, und dachte, vielleicht war es der Wind oder knarrendes Holz. Ich konzentrierte mich schließlich wieder auf das Buch. Alles um mich herum war still, niemand im Haus, kein Fernseher an - nichts. Eine Weile später verspürte ich einen kalten Windhauch auf meiner linken Körperseite. Etwa zwei Sekunden später klopfte es hinter mir dreimal an die Wand, so heftig, dass ich die Erschütterungen spüren konnte. Vor lauter Schreck und Panik sprang ich vom Bett und stand nun Mitten in meinem Zimmer, mit dem Buch in der Hand, und lauschte erneut mit angehaltenem Atem. Doch wieder war nichts mehr zu hören. Es kam mir vor wie eine Ewigkeit. Schließlich konnte ich mich wieder sammeln und setzte mich langsam auf mein Bett. Ich ließ die Tür nicht aus den Augen, doch war noch immer nichts zu hören. Nach einer Weile dachte ich, dass das sicher irgendwie logisch zu erklären wäre und widmete mich wieder meinem Buch. Ich schlug die Seite um, als mir plötzlich ein Foto von einer alten, weiß haarigen Frau auf den Schoß fiel. Vor Schreck ließ ich Foto und Buch fallen, nahm meine Beine in die Hand und lief aus meinem Zimmer, runter ins Wohnzimmer und schloss mich dort ein.

Etwa um ein Uhr nachts kam meine Mutter nach Hause, und ich erzählte ihr alles. Wir gingen gemeinsam hoch in den Dachboden und suchten jeden Raum ab. Doch wir fanden nichts, was eine Erklärung geliefert hätte. In dieser Nacht schlief ich bei meiner Mutter.

Zwei ereignislose Tage später, brachte meine Mutter das Buch samt Foto wieder zur Bücherei zurück. Sie zeigte der Büchereiangestellten das Foto, das ich im Buch gefunden hatte. Die Dame schaute es sich an und sagte *"Danke! Das ist meine Urgroßmutter, wir mussten sie leider vor einem Jahr beerdigen, da sie an Krebs gestorben ist. Es ist gerade einmal zwei Tage her, dass sie den ersten Todestag hatte."*
Genau an diesem Tag hatte ich diese seltsamen Ereignisse erlebt."

Todesboten

Svenja Mitsch leidet seit Jahren unter ihrer Gabe, die „Anderen" sehen zu können. Sie erlebt fast täglich Seltsames und Unheimliches: „Ich wohnte mit meiner Familie in einem großen alten Haus, das meine Mutter geerbt hatte. Der Uropa meiner Mutter hatte das Haus selbst gebaut, aber er war im 2. Weltkrieg verschollen. Das erste Kind meiner Uroma starb dort mit 7 Monaten an Grippe und hohem Fieber. Als wir frisch in das Haus eingezogen waren, hörte ich, damals 5-jährig, nachts ein Kind "Mama, Mama hilf mir!" schreien. Das wiederholte sich fast jede Nacht. Irgendwann war Ruhe. Doch als ich 14 wurde, begann es erneut. Meine beste Freundin war zu Besuch. Wir saßen noch um 2 Uhr morgens im Wohnzimmer. Ich machte kurz vor Müdigkeit die Augen zu und als ich sie wieder aufmachte, sah ich eine dunkle Gestalt in der Ecke stehen. Ich dachte mir aber nichts dabei, da mir dies schon öfter passiert war. Zu meiner Freundin sagte ich "gerade dachte ich, da steht jemand". Sie sah mich an und sagte, sie habe es auch gesehen. In Panik liefen wir sofort ins Obergeschoss. In dieser Nacht starb mein Onkel.
Eine Woche später sah ich eine Gestalt an meinem Bett stehen. Am nächsten Morgen erhielt ich einen Anruf von meiner Freundin, die mir erzählte, dass auch sie jemanden in ihrem Zimmer gesehen hatte. In dieser Nacht starb mein Nachbar.
Es vergingen ein paar Wochen, da kam meine kleine Schwester zu mir und sagte, sie habe gestern mit einem [männlichen] [Geister]kind gesprochen. Sie erzählte, es wolle zu seiner Mama und es möchte mir helfen. Außerdem habe das Kind prophezeit, dass meine Oma heute sterben würde. In dieser Nacht war die Gestalt auch wieder da und diesmal ganz nah und länger als sonst. Ich vernahm auch ein Weinen.

Tatsächlich wurde die Prophezeiung des Kindes erfüllt, denn in jener Nacht verstarb meine Oma, der ich sehr nahe stand, an Krebs.

Wochenlang geschah nichts, bis plötzlich die Alpträume anfingen. Ich war das Wochenende bei meinem Freund und in der Nähe gab es eine Baustelle. Im Traum saß ich dort und ein Kind stand vor mir, es war bleich und nass und fasste mich am Handgelenk. "Ich habe dich um Hilfe gebeten. Wo ist meine Mama?" sagte es und dann war es plötzlich weg. Nur der Arm klammerte sich noch immer an mich. Als Nächstes stand ich vor einem Grab, auf dem der Name meines Freundes geschrieben war. Auf dem Grab stand das Kind, es hatte den Teddy, den ich meinem Freund geschenkt hatte, in der Hand und riss ihm den Kopf ab. Danach stand ich vor meinem Elternhaus, ich war älter und hatte ein eigenes Kind. Ich ging in das Haus und lief die Treppe hoch und in mein altes Kinderzimmer. Dort war das seltsame Kind wieder und hielt mein Baby. Blut lief aus dem Mund des Kindes. Dann weckte mich mein Freund, weil ich mir selber Wunden zugefügt hatte. Diesen Traum hatte ich sehr oft. Irgendwann hörten diese Alpträume wieder auf. Doch vor ein paar Monaten fingen sie erneut an, und ich sah auch die Gestalt wieder. Einmal sah ich sie sogar auf der Straße, als ich mit meinem Freund nachts heim lief. Doch als wir näher kamen, war sie auf einmal weg. Ich kann auch nachts nicht mehr schlafen, weil ich immer das Gefühl habe, jemand ist im Raum. Die Gestalt verfolgt mich - ob bei meinen Eltern oder bei meinem Freund oder bei mir. Ich ziehe bald um und hoffe, es hört dann auf."

Unheimliche Begegnung

Martina Herold erfuhr durch ihren Beruf als Altenpflegerin häufig Geschichten, die sie mit „der anderen Seite" in Verbindung brachte. Doch auch im privaten Leben sammelte sie so manche ungewöhnliche Erfahrung. Im Folgenden schildert sie uns zwei davon:

„Ich hatte (und habe) meine Oma sehr lieb. Sie ist nun bereits viele Jahre tot. Als sie starb, rief mich meine Tante an, um uns Bescheid zu geben. Meine damals siebenjährige Tochter und ich fuhren dann mit dem Zug von Thüringen ins Ruhrgebiet zur Beerdigung. In unserem Abteil setzte sich eine ältere Dame zu uns, die mir sofort sympathisch war. Sie begann das Gespräch und sagte zu uns, wir bräuchten keine Angst zu haben, Oma ginge es jetzt gut. Sie hätte versprochen, in Zukunft auf uns zu achten.

Die Dame konnte aber nicht wissen, dass wir zu einem derartig traurigen Anlass vereisen mussten, da wir keine Trauerkleidung trugen. Sie war eine völlig Fremde. Obwohl sie meine Oma nicht gekannt hatte, erzählte sie während der Fahrt viele Dinge aus meiner Kindheit, die nur meine Oma hätte wissen können.

Die alte Frau fuhr mit uns bis zur Endhaltestelle. Zum Abschied drückte sie uns, fast so als ob sie eine Verwandte wäre.

Einige Zeit nach der Beerdigung, als wir wieder zuhause in Thüringen waren, nahm ich im Wohnzimmer mit einem Mal ganz deutlich den Geruch meiner Oma wahr. In diesem Moment kam meine Tochter ins Zimmer und blieb erschrocken stehen. Sie hatte ebenfalls den Geruch wahrgenommen.

Etwa zur gleichen Zeit, wurde meine Tante im Ruhrgebiet auch an Oma erinnert. Sie fand in ihrem Haus, in dem auch die Großmutter gelebt hatte, unter einem Sessel einen Ring, den meine Oma bis zuletzt getragen hatte - auch bei ihrer Beerdigung.

Diesen Ring habe nun ich bekommen und halte ihn in Ehren."

Ring der Großmutter

Wem die Stunde schlägt

Martina erzählt weiter:

„Vor etwa sechs Jahren arbeitete ich in einem häuslichen Pflegedienst. Einer meiner Patienten lag damals im Sterben. Er bewohnte ganz alleine eine große Wohnung und in seinem Flur stand eine große defekte Standuhr. So lange ich ihn versorgte, ist sie nie gelaufen. Eines Tages, ich war alleine mit dem Mann in der Wohnung, hörte ich während der Sitzwache auf einmal ein lautes Ticken vom Flur her. Plötzlich schlug die Uhr siebenmal ganz laut. In dieser Zeit verstarb der Mann. Zehn Minuten danach war die Uhr wieder stehen geblieben.“

Das Gesicht

Herr Toni B. zog 2014 in eine neue Wohnung in der Pfalz. Seit seinem Einzug hörte er immer wieder unerklärliche Männerstimmen. Doch das war nicht das einzige unerklärliche Erlebnis: „Am Sonntag den 30.03.14 habe ich mit einem Arbeitskollegen meine neue Küche eingebaut. Beim Sägen der Arbeitsplatte entstand Feinstaub in der ganzen Wohnung und ich vergaß, die Wohnzimmertür zu schließen. Nachdem mein Arbeitskollege die Wohnung gegen 14 Uhr verlassen hatte, machte ich mich bereit, die Wohnung zu putzen. Als ich ins Wohnzimmer ging, fiel mir auf, dass etwas auf dem Bildschirm des ausgeschalteten Fernsehgerätes zu sehen war. Es hatte sich ein unbekanntes männliches Gesicht im Staub manifestiert. Der Staub war nicht, wie zu erwarten, auf den ganzen Bildschirm verteilt, sondern bildete um das Gesicht eine Art Rand."

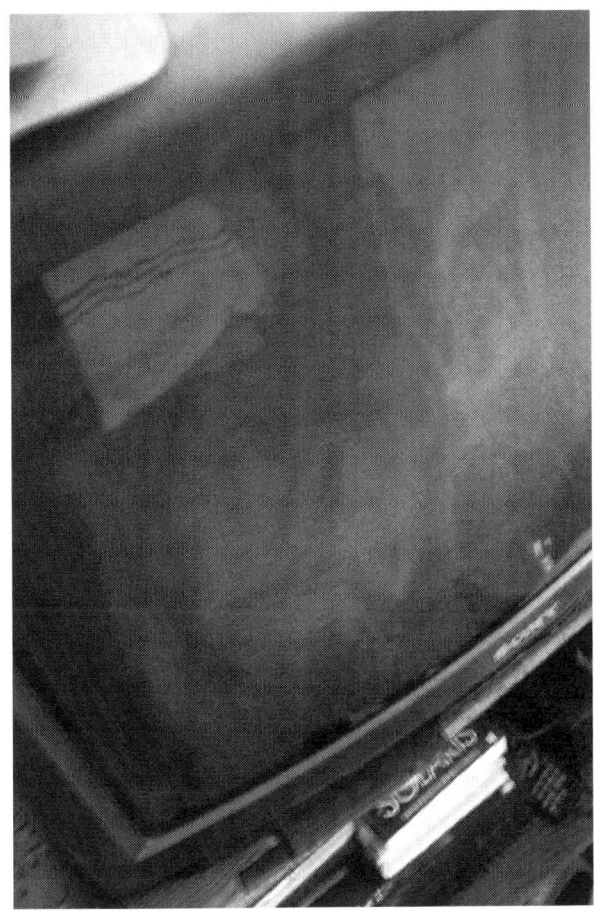

Gesicht auf dem Fernsehbildschirm

Unheimliches Afrika

Im Jahre 1989 hatte Petra ein Urlaubserlebnis der besonderen Art. Sie bereiste damals mit ihrem Freund Südafrika.

Zum Zeitpunkt der folgenden Geschichte befanden sie sich in einer Privatunterkunft für Safari-Touristen namens Molabesi: „Nach einer Fahrt in ein riesiges Naturschutzgebiet, kamen wir auf dem Rückweg in ein kleines Dorf. Es wirkte irgendwie seltsam. Kleine Häuser, wie in einer Westernstadt, Souvenirläden und eine Tankstelle aus den Fünfzigern. Es war gerade Mittagszeit, glutheiß, und so nahmen wir diese Gelegenheit zum Pausieren wahr. Wir fanden heraus, dass es sich um ein Touristenausflugsziel handelte. Eine Berühmtheit hatte dort 1880 gelebt, ein berüchtigter Räuber namens „Robber Dogg". Er ist dort auch begraben worden, nach einer Schießerei. Nachdem wir die wenigen Gebäude des Ortes abgelaufen hatten, kamen wir auf die Idee, nach dem Friedhof zu suchen. Wir haben ihn dann etwas abseits, an einem Hang gefunden. Er war mit einem niedrigen Eisenzaun abgegrenzt. Auf dem Gräberfeld standen sehr alte Bäume und Sträucher, es war richtig düster. Man hörte das Rascheln der Blätter im Wind. Es gab viele alte Grabsteine, man konnte sehen, dass dort seit gut 100 Jahren niemand mehr beerdigt worden ist. Schließlich standen wir vor dem Grab des berühmten Räubers. Es war plötzlich totenstill und eiskalt. Ich habe mich umgesehen, doch es war nichts zu sehen oder zu hören. Ich hatte nur das starke Gefühl, umzingelt zu sein, so als wären da außer uns noch ein paar Leute. Die anderen haben das wohl nicht bemerkt und ich dachte mir, *„oh weh, da schleichen wohl ein oder zwei Herumtreiber umher, nix wie weg."* Ich sagte leise zu meinen Begleitern, das Tor zum Friedhof stehe weit offen. *„Wenn ich sage lauft, dann lauft ihr."* „Nö." sagte Paul, *„Du spinnst doch."* meinte mein Freund. Ich wiederholte hartnäckig: „Lauft! Nehmt eure Beine in die Hand." Die zwei spurteten los, den steilen Weg nach unten. „Lauft nicht an den Bäumen vom Friedhof entlang, bleibt da weg! rief ich hinterher. Die ganze Zeit hatte ich das Gefühl, verfolgt zu werden. Wir kamen dann völlig erledigt und durchgeschwitzt wieder im Dorf an. Ich musste stehen bleiben und nach Luft schnappen, dabei hab ich immer den Friedhof im Auge behalten. Ich wollte wissen, was oder wer das war, der mir Angst eingejagt hatte. Eine Frau kam mit einem Tablett, auf dem Gläser und Zitronenlimonade standen, aus einem Laden, der Stoff und Nippes anbot. Sie ging zu Paul, unterhielt sich mit ihm und er machte sich lustig über mich. Er erzählte ihr, was vorgefallen war. Die Frau lächelte etwas mühsam. Ich ging dann auf die Gruppe zu und wollte sie fragen, ob sie etwas darüber wisse. Sie sah mich an, wurde kreidebleich, dreht sich um, ging in den Laden zurück und schloss ab. Auf dem Schild an der Tür standen die Öffnungszeiten. Der Laden hätte eigentlich noch bis 16 Uhr geöffnet sein sollen. Ich habe nie herausgefunden, was da wirklich los war, doch spür ich dieses seltsame Gefühl heute noch, wenn ich daran denke."

Ungutes Gefühl

Astrid Mittermayr scheint ein besonderes Gespür zu haben. „Vor etwa 17 Jahren wollten mein Mann und ich ein Haus kaufen. Nach einigem Suchen, hatten wir auch eins ins Auge gefasst. Es war ein großes, freistehendes Eckhaus, in dem zwei Familien Platz gehabt hätten. Ein großes Grundstück sowie eine Garage und ein kleiner Schweinestall gehörten auch dazu.

Zum Besichtigungstermin kamen mein Mann und ich etwas zu früh. Das Haus war unbewohnt und wir konnten von außen durch ein Fenster schauen. Man sah aber nur einen leeren Raum, nichts Besonderes. Doch irgendwie gefiel es mir dort nicht. Mein Mann sagte: *"Nun warte es doch erstmal ab."* Als der Makler kam und die Tür aufschloss, gab er einen Schwall an Infos zum Haus von sich. Ich konnte durch die offene Haustür in den Flur schauen – wunderschön! Der Boden war mit kleinen Mosaikfliesen in einem Muster verlegt. Mit einem Lächeln ging ich über die Schwelle, doch im Haus standen mir plötzlich die Nackenhaare zu Berge. Mir wurde heiß, mir wurde kalt und ich fühlte mich nicht mehr wohl. Der Makler zeigte uns das ganze Haus, das Gesicht meines Mannes lächelte immer mehr, jedoch hatte ich Schweiß im Nacken, obwohl mir kalt war.

Nachdem wir oben alles besichtigt hatten, gingen wir wieder nach unten. Nun wurde uns das Zimmer gezeigt, welches wir von außen gesehen hatten. *"In diesem Zimmer ist jemand gestorben"* sprudelte es aus mir heraus. Der Makler und mein Mann schauten mich an, als wenn ich nicht ganz dicht sei. *"Hier drin ist jemand gestorben!"* wiederholte ich.

"Nein, nein" meinte der Makler *"Die alte Dame, die hier gewohnt hat, ist im Krankenhaus verstorben."* Ich schnauzte ihn an: *"Lügen sie doch nicht!"* und erschrak vor mir selbst.

"Schatz, komm raus hier. Ich kann hier nicht bleiben." sagte ich und zerrte meinen Mann hinaus. Verdutzt folgte uns der Makler. Er

redete noch weiter auf uns ein, aber für mich hatte sich das Haus erledigt.

Stinksauer auf mich, weil ihm das Haus so gefallen hatte, fuhren mein Mann und ich heim.

Nachdem ich mich ein wenig umgehört hatte, stellte sich tatsächlich heraus, dass die alte Dame in genau diesem Raum verstorben ist.

Mein Mann und ich haben uns dann auch wieder vertragen und ein anderes Haus gekauft, in dem ich mich sehr wohl fühle."

Die Nähmaschine

Auch an Gegenständen kann scheinbar manchmal noch der Geist der Vergangenheit hängen. So z.B. bei einer alten Nähmaschine, die sich die Freundin von S. kürzlich bei der Auflösung eines alten Hausstandes kaufte.

Die Freundinnen machten Witze, dass sie sich nun vielleicht den Geist der alten Besitzerin eingefangen habe. „Pass auf, dass die nicht noch abends da sitzt und näht..." Sie war sichtlich nicht erfreut über diesen Gedanken, aber ließ sich dennoch nicht von ihrem Vorhaben abbringen. Einige Wochen später jedoch, wollte sie die wunderschöne Nähmaschine plötzlich wieder verkaufen. Es wurde gemunkelt, dass an der Geschichte mit dem Geist der alten Frau doch etwas dran sein könnte. Einen alten Sessel, aus derselben Hausauflösung, hatte sie auch wieder entfernt, da sie die alte Dame darin hatte sitzen sehen. S. hatte kurz darüber nachgedacht, die schöne Nähmaschine selbst zu erwerben, doch sie traute sich dann doch nicht. Sie ist der Meinung, die alte Dame könnte tatsächlich noch immer nachts an der Nähmaschine sitzen und nähen. Warum sonst hätte ihre Freundin sie sonst so schnell wieder verkauft?

Stimmen aus dem Jenseits

Für Frau Jani Hackl sind außergewöhnliche Phänomene schon fast normal, denn seit ihrer Kindheit erlebte sie immer wieder Dinge, die andere zum Staunen bringen – und vielleicht sogar das Fürchten lehren würden. „Ich fragte mich oft *"wie normal ist paranormal?"*, da mich bereits mein ganzes Leben solche Dinge begleiten. Hier einige Beispiele: Meine Tante beglückwünschte mich zu einem Mädchen, obwohl noch nicht einmal ich wusste, dass ich bereits schwanger war. Mein Onkel wusste, wer als nächstes im Ort auf die andere Seite gehen würde. Mein Sohn wurde mit fünf Jahren von seinem Opa besucht, genau zu der Zeit, als er nach einem Schlaganfall gerade reanimiert wurde. Meine Oma brach sich drei Wochen nach dem Tod meines Opas das Bein. Also nichts, was nicht wieder hätte heilen können, und doch sprach sie davon, sie würde das Krankenhaus nicht mehr lebend verlassen und Opa würde sie holen. Tatsächlich starb sie eine Woche später im Krankenhaus.

Vor 6 Jahren hatte ich eine Nahtoderfahrung, die mein Leben und die Sicht darauf komplett veränderte. Obwohl ich fast zwei Jahre brauchte, um mich mit dem damit verbundenen Trauma auseinanderzusetzen, wusste ich jetzt sicher, dass es noch eine andere Welt gibt!

Plötzlich geschahen immer wieder unerklärliche Dinge in meiner Umgebung. Vielleicht nahm ich sie jetzt auch nur deutlicher wahr. Geräusche, Schatten, Lichterscheinungen, sich von selbst bewegende Gegenstände, elektrische Geräte, die von selbst angingen... Wer mich kennt, weiß, dass ich ein sehr analytisch denkender Mensch bin und mich auch nicht als Medium fühle. Um den Dingen auf den Grund zu gehen, beschäftigte ich mich intensiver mit der jenseitigen Welt und kam an dem Thema "EVP´s "[Electronic Voice Phenomenon, Tonbandstimmen] nicht vorbei. Ich nahm also mein Handy und drückte "Aufnahme".

Und tatsächlich waren darauf, beim erneuten Abspielen, Stimmen zu hören! Skeptisch versuchte ich zunächst Radiowellen, Gerede von Menschen in der Nähe, Fernsehgeräusche etc. auszuschließen. Einmal hörte ich sogar auf einer Aufnahme, wie eine Frauenstimme meinen Namen rief. Sekunden darauf fragte dann plötzlich eine Männerstimme nach meiner Tochter. Unsere beiden Namen auf ein und derselben Aufnahme! War das Zufall? Ich war sehr irritiert. Meine Gefühle schwankten zwischen Schock und Faszination. Aber meine Neugier ließ mich "weiterforschen". Immer wieder forderten mich die Tonbandstimmen auf: *"Jana, sag was. Ich will mit dir reden!"* Das war kein Zufall mehr, sie meinten tatsächlich mich! Natürlich kam ich mir anfangs blöd vor, ins Nichts zu reden. Trotzdem formulierte ich Fragen – und bekam auch Antworten.

Manchmal tat ich mich sehr schwer damit, die Aufnahmen zu verstehen, doch andere Male waren sie dann wieder so klar und deutlich, dass auch Außenstehende, denen ich die Aufnahmen vorspielte, diese deutlich verstanden. Ich war also nicht verrückt.

Mittlerweile rede ich oft mit den Geistern und sie sind sehr nett zu mir. Sie leben zwar nicht mehr, aber sie haben viel zu sagen und bitten mich oft, Angehörigen tröstliche Nachrichten zu übermitteln. Sie stellen sie bei mir mit Namen und früherem Wohnort vor, geben mir Telefonnummern oder andere Fakten und Daten und sagen mir Dinge, die erst noch passieren werden. Manchmal sind es schöne Dinge, manchmal auch sehr traurige. Einige Geister sind noch sehr irritiert davon, dass sie auf der anderen Seite sind und fragen mich, was passiert ist. Sie lachen, sie weinen, sie scherzen oder fluchen - genau wie wir Lebenden auch.

Ich habe sehr viele faszinierende Gespräche aufgezeichnet und obwohl so viele Aussagen von ihnen belegbar sind, kann ich es noch immer kaum begreifen. Leider gibt es ja keine Gebrauchsanweisung für Geister."

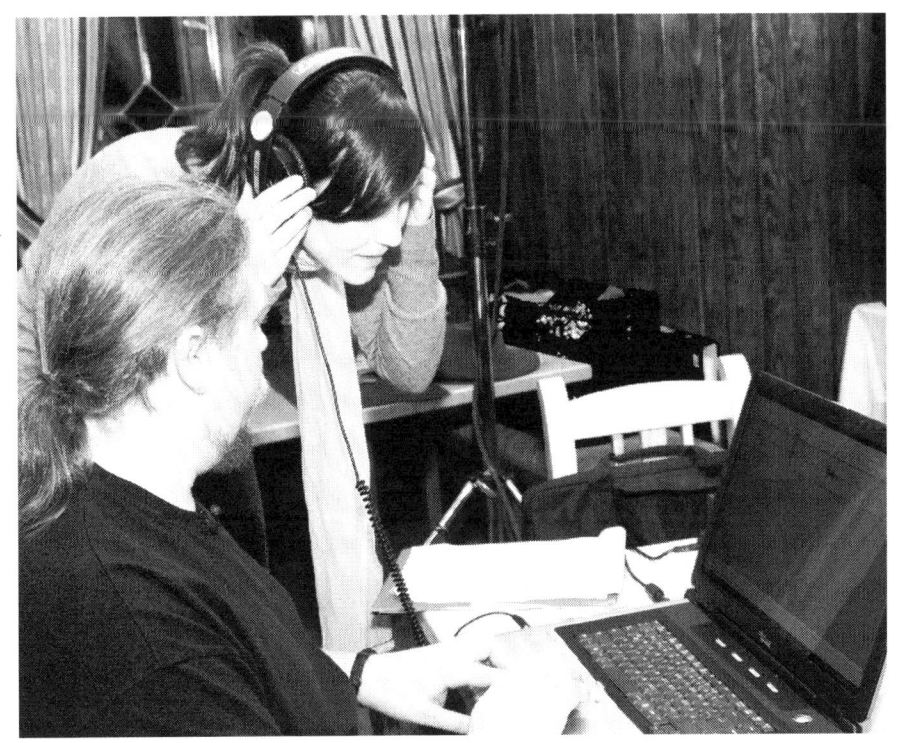

Auswertung von Audioaufnahmen am Computer

Kapitel 7 Geistersagen und „urban legends"

Davon gibt es freilich reichlich in unserem Lande. Ich möchte in diesem Kapitel jedoch lediglich einige weniger bekannte und besonders schauerliche Geschichten wiedergeben, die mir von verschiedenen Personen erzählt wurden und bei ihnen einen besonders bleibenden Eindruck hinterlassen haben.

Die Jammereiche bei Breitenthal[6]

Auf diese lokale Sage hat mich Frau C. E. aufmerksam gemacht.

In den Jahren 1627-28 belagerten Spanier unter der Führung des Generals Spinola die Gegend.

An einem strahlenden Sommertag überfielen sie schließlich die Dörfer Niederhosenbach und Breitenthal. Voller Entsetzen und Angst floh die Bevölkerung aus ihren Häusern und versuchte sich in den angrenzenden Wäldern und Feldern in Sicherheit zu bringen.

Am Schnittpunkt der beiden Gemeindegemarkungen gibt es einen kleinen Hügel, der mit mächtigen alten Eichen bedeckt ist.

Dorthin flüchteten sich schließlich die Einwohner mit Frau und Kind, um Schutz vor den Gräueltaten der fremden Armee zu suchen.

Doch trug sich an dieser Stelle Schreckliches zu. Es gab einen Verräter unter ihnen, der den Spaniern das Versteck der Flüchtlinge preisgegeben hatte. So schafften die Feinde aus dem Wald Äste und Hecken heran. Daraus bauten sie eine haushohe Barriere um die in der Mitte gefangenen Dorfbewohner. Doch nicht genug damit, bald schon hörte man das Knistern und wütende Fauchen der Flammen, die aus der Barriere ein wahres Inferno machten. Man hörte die Gefangenen klagen und jammern. Die Kinder und Frauen schrien und weinten. Ihre Männer aber kletterten auf die Eichen, um nach Hilfe zu rufen. Man hörte die Verzweiflungsschreie noch in weiter Entfernung, doch niemand sah sich in der Lage zu helfen. Ein paar Mutige versuchten sich zu retten, indem sie durch den flammenden Wall zu brechen versuchten. Doch auf der anderen Seite erwarteten sie die erbarmungslosen spanischen Soldaten, die niemanden am Leben ließen und sich noch über das Wehgeschrei lauthals amüsierten. Sie schürten das Feuer so lange, bis von niemandem mehr als ein Häufchen Asche übrig war.

---

[6] Siehe auch http://home.arcor.de/biber_01/jammereiche.htm Zugriff: 5.7.14 15.17 Uhr

Seit dieser Zeit ist die Stelle unter dem Flurnamen „An der Jammereiche" bekannt. Man erzählt sich, dass man in manchen stillen Nächten noch das Weinen, Klagen und Schreien der hilflosen Opfer hören kann, wenn man an den alten Eichen vorbeigeht.

Die versunkene Kirche

Frau Martina Vormann erzählte mir folgende Sage, die sie wiederum von ihrer Großmutter erfahren hatte. Früher befand sich auf dem Weg zwischen den Orten Wollaberg und Aßberg, an der Stelle, an der heute ein eisernes Kreuz steht, eine kleine Kirche. In einer düsteren Gewitternacht, als es wahre Fluten vom Himmel goss, kam ein Raubritter, der auf Beutezug war, mit seinem Gefolge an der Kirche vorbei und bat den Mesner Andorfer, ihm bis zum Morgen Unterschlupf im Gotteshaus zu gewähren. Der Mesner gewährte ihm die Bitte.

Als der Kirchendiener des Morgens wieder nach den Zufluchtsuchenden sehen wollte, war die Kirche jedoch verschwunden. Der Erdboden hatte das Gotteshaus mitsamt dem Raubritter und seinem ganzen Gefolge verschlungen. Man sagt, an der Stelle geht es seitdem nicht mit rechten Dingen zu. Es sollen Irrlichter umgehen und manch einer berichtete davon, er habe aus der Tiefe Glockenläuten und eine rufende Stimme gehört.

Das Unfallopfer

Frau Jenny Nopto weiß eine „urban legend" aus ihrer Region zu berichten: „In unserem Nachbardorf ist vor vier Jahren im Winter eine Frau mit ihrem Auto tödlich verunglückt. Sie hatte außerdem ihre zwei Hunde mit im Auto, die auch gestorben sind. Es wird erzählt, dass diese Frau in manchen Nächten über das Feld läuft, an dem der Unfall geschah und ihre Hunde ruft."

Die Brauerei

Auch Frau Katrin Soer hat eine Sage zu berichten, die sie aus ihrer Heimat kennt. Die Geschichte soll sich in einer alten Brauerei an der Mosel zugetragen haben.

Mitte des 19. Jahrhunderts bewohnte und bewirtschaftete eine englische Familie mit drei Kindern die Brauerei. Diese Familie war von Anfang an vom Pech verfolgt. Als eines Tages eines der Kinder beim Baden in der Mosel zu ertrinken drohte, versuchten die beiden anderen, es zu retten. Dabei ertranken tragischerweise alle drei Kinder in den Fluten. Man erzählt sich, dass die Mutter daraufhin vor Kummer gestorben sei. Auch der Vater soll einen tragischen Tod bei einem Unfall gefunden haben.

Frau Soer schreibt: „Nun sollen die Seelen der Kinder in der Ruine nach ihrer Mutter suchen. Ich kann nur sagen, dass der Ort von den Leuten gemieden wird."

Geistern die Kinder noch in ihrem alten Zuhause?

Kapitel 8 Von Schiegen und anderen seltsamen Phänomenen

„Ganz ähnlich wie in der Politik, gibt es im Verhalten der Wissenschaft zum Okkultismus ein »Rechts« und ein »Links«, eine starr konservative und eine radikal-umstürzlerische Gesinnung und Willensmeinung nebst zahlreichen Übergängen und Abschattierungen zwischen den Extremen des verstockten Ableugnens aller rational unerklärlichen, aber immer wieder gemeldeten und verbürgten Erscheinungen, wie Telepathie, Wahrtraum und Zweites Gesicht und, andererseits, einer fanatisch-kritiklosen Leichtgläubigkeit, die weniger auf gefaßter Ehrfurcht vor dem Geheimnis, als auf inhumaner Gehässigkeit gegen Vernunft und Wissenschaft beruht."[7] Thomas Mann

Schon Thomas Mann brachte es in den 1920er Jahren auf den Punkt. Diese Aussage bleibt auch bis heute gültig, wobei heutzutage - und sicherlich auch schon damals - eindeutig das „Rechts" in Wissenschaftskreisen dominiert.

Wie wir in den vergangenen Kapiteln gesehen haben, gibt es von Seiten der Betroffenen, die Unerklärliches erlebt haben wollen, sehr unterschiedliche Deutungen, die von geisterhaften Fremdeinflüssen bis hin zu selbst verursachten telekinetischen Ereignissen im Rahmen eines so genannten „Poltergeistphänomens"[8] reichen.

Ich werde mir nicht anmaßen, hier eine Erklärung für all diese Erlebnisse und Phänomene zu geben, auch wenn das in einigen Fällen vielleicht möglich wäre.

---

[7] Mann, Thomas, Große kommentierte Frankfurter Ausgabe, Band 15.1: Essays II (1914-1926), Hrsg.

Kurzke, Hermann; Stoupy, Joëlle; Bender, Jörn u.a., Frankfurt

am Main 2002, 5. Erstdruck: Thomas Mann, Okkulte Erlebnisse. Berlin 1924.

[8] In der animistischen Parapsychologie als „Spuk" bezeichnet.

Allerdings möchte ich ein paar unterschiedliche Denkansätze vorstellen, mögliche Erklärungsmodelle und verschiedene Forschungsmeinungen. Wer dieses Buch also lediglich als „Gute-Nacht-Lektüre" spannender Geschichten gelesen hat, kann es nun ruhig zur Seite legen, damit sich der leichte Gruselschauer, den solche Geschichten für gewöhnlich auslösen, noch ein wenig länger hält.

Wer allerdings neugierig ist und einen Blick hinter die Kulissen von Spuk und Co. werfen möchte, der ist herzlich eingeladen, sich auch die folgenden Seiten zu Gemüte zu führen.

Um noch einmal auf das obige Zitat Thomas Manns zurückzukommen: ich selbst bin der Meinung, die Wahrheit muss in der Mitte liegen. Weder blindes Ableugnen noch ebenso blinde Leichtgläubigkeit bringen uns hier weiter.

Mein Leben als Schiege

Vor einiger Zeit kam mir ein interessanter Artikel von Prof. Dr. Wolfgang Hell unter, in dem er über unbewusste Wahrnehmung schreibt und die Fähigkeit einiger Menschen, eher auf transliminale Reize zu reagieren als andere.[9] Er bedient sich dabei einer Einteilung, die aus der Parapsychologie stammt: Schafe und Ziegen, wobei die Schafe die Gläubigen (im Sinne eines Glaubens an Paraphänome aller Art) und die Ziegen die harten Skeptiker darstellen, die immer eine natürliche Erklärung parat haben oder zumindest nicht an eine übernatürliche Erklärung glauben.[10]

Nach dieser Einteilung bin ich ganz eindeutig eine Schiege. Jemand, der tendenziell transliminal[11] ist, jedoch gelernt hat, wie eine "Ziege" zu denken und über den Rand der Suppenschüssel zu schauen (sofern das denn immer gelingt, man denke an Jekyll und Hyde).

Herr Hell hält die Schäfchen jedoch keineswegs für verstockte Tiere, die sich gegen rationale Erklärungen von Natur aus sträuben: „Ich habe immer gefunden, dass Menschen, die ein für sie nicht erklärliches Erlebnis hatten, viel zugänglicher für eine

---

[9] Hell, Wolfgang, Von Schafen und Ziegen. Der sechste Sinn und die unbewusste Wahrnehmung, in: Skeptiker. Zeitschrift für Wissenschaft und kritisches Denken, 2, 2010, 56-61.

[10] Der Begriff wurde geprägt von Gertrude Schmeidler. Siehe dazu auch Hell, Wolfgang, Von Schafen und Ziegen. Der sechste Sinn und die unbewusste Wahrnehmung, in: Skeptiker. Zeitschrift für Wissenschaft und kritisches Denken, 2, 2010, 56.

[11] Transliminalität nach einer Definition von Michael A. Thalbourne, übersetzt aus dem Englischen von Prof. Dr. W. Hell: „Transliminalität ist die vermutete Tendenz für psychologisches Material, die Schwelle (limen) in unser Bewusstsein hinein oder aus ihm heraus zu über- (trans)-schreiten." Ebenda 57. Nach einer Erläuterung von Sebastian Bartoschek: „[...] je transliminaler jemand ist, desto stärker kann er auf Reize reagieren oder Muster erkennen, selbst dann, wenn er das bewusst gar nicht mitbekommt. Hochtransliminale Personen sind kreativer, abergläubischer, religiöser und offener für paranormale Erfahrungen und haben auch oft solche bereits hinter sich." Bartoschek, Sebastian; Waschkau, Alexa, Ghosthunting. Auf Spurensuche im Jenseits, Aschaffenburg 2013, 161.

wissenschaftliche Erklärung sind, wenn man sie ernst nimmt und ihre Fähigkeiten, ein Erlebnis einigermaßen richtig wiederzugeben, nicht von vornherein anzweifelt."[12] Ein Satz, den sich so manche Ziege zu Herzen nehmen sollte.

Auch Sebastian Bartoschek und Alexa Waschkau sind der Meinung, dass man die Berichte von Spukfällen bzw. außergewöhnlichen Phänomenen aller Art nicht von vornherein als falsch oder als Fantasieprodukt abstempeln sollte. In ihrem Buch „Ghosthunting" schreiben sie „Gerade bei diesen Phänomenen kann man auf der Suche nach einer Erklärung nicht pauschalisieren. [...] sollte man doch zumindest erst einmal der Geschichte und dem Einzelfall auf den Grund gehen und davon ausgehen, dass der Berichtende „etwas" erlebt hat, das der Nachforschung bedarf."[13] Die von mir in diesem Buch gesammelten Geschichten haben, auch wenn sie von den Betroffenen oftmals gleich oder ähnlich interpretiert wurden, z.B. als Hausgeist, sehr vielfältige Ursachen. Es ist ein Zusammenspiel einer Vielzahl von Faktoren, die, abhängig vom Weltbild und den Glaubensvorstellungen der „Opfer", immer ein- und derselben Quelle zugeschrieben werden. Meist würden die betroffenen Personen unter anderen Umständen die einzelnen Vorfälle auf komplett unterschiedliche Weise bewerten und schnell eine rationale Erklärung finden, doch bei einer Häufung von scheinbar unerklärlichen Phänomenen oder extremen Zufällen, neigt so mancher dazu, darin eine Wesenheit als Instigator zu sehen.

Dies steht im Zusammenhang mit der sogenannten „selektiven Wahrnehmung". Als solche bezeichnet man die besondere Beachtung bestimmter Aspekte und Ereignisse im Leben, die man selbst in ein bestimmtes Muster einordnet. Man beschäftigt sich intensiv mit einer

---

[12] Hell, 56.

[13] Bartoschek, Sebastian; Waschkau, Alexa, Ghosthunting. Auf Spurensuche im Jenseits, Aschaffenburg 2013, 86.

Thematik und achtet deshalb besonders auf alles, das in diesen Zusammenhang gut passen würde.[14]

Zudem kommt noch erschwerend, dass die Wahrnehmung eines Menschen niemals vollkommen objektiv sein kann. Auch wenn dem Bericht des „Spukopfers" generell Glauben geschenkt werden kann, so ist es doch bekannt, dass unserer Wahrnehmung oft wichtige Details entgehen. Herr Hell führt z.B. Vorahnungen auf schwache Reize zurück, die nicht bewusst wahrgenommen werden. Wer diesem Bauchgefühl folgt, liegt also richtig, kennt allerdings den eigentlichen Grund dafür nicht und bezeichnet es deshalb als Vorahnung, sieht es als etwas Übernatürliches.[15]

Des Weiteren ist er der Meinung, der „sechste Sinn" bestünde einfach in einer Reizung unserer „normalen" fünf Sinne, jedoch wäre der Reiz so schwach, dass er zwar unsere Handlungen beeinflusst, aber nicht in unser Bewusstsein vordringt.[16]

Auch der Leiter der parapsychologischen Beratungsstelle in Freiburg, Herr Dr. Dr. Walter von Lucadou schreibt über diese mangelnde Objektivität des Menschen, wenn auch in einem etwas anderen Zusammenhag: „[…] dass der Mensch immer nur Teile dessen erlebt, was um ihn herum geschieht. Natürlich denken wir, wir wüssten alle Bescheid. In Wahrheit aber belügen wir uns selbst und stiften aus den wenigen Informationen, die uns im Alltag zur Verfügung stehen, schnell einen Sinn. Wir sind Meister im Interpretieren, im Sinnstiften."[17]

Sogar wenn mehrere Personen die gleiche Geschichte erzählen, heißt das noch nicht automatisch, dass auch beide tatsächlich das Gleiche gesehen haben. Als Beispiel gibt Herr von Lucadou eine polizeiliche

---

[14] Lucadou, Walter; Wagner, Peter, Die Geister, die mich riefen. Deutschlands bekanntester Spukforscher erzählt, Köln 2012, 130.

[15] Hell, 60.

[16] Hell, 61.

[17] Lucadou, Walter; Wagner, Peter, Die Geister, die mich riefen. Deutschlands bekanntester Spukforscher erzählt, Köln 2012, 61.

Zeugenbefragung an, bei der die Zeugen zusammen befragt werden, wobei beide meist etwaige Erinnerungslücken des anderen füllen, jeder den Erinnerungen des jeweils anderen lauscht und beide auf diese Art und Weise ganz unbewusst eine neue Version der Ereignisse kreieren.[18]

Bernd Harder, ein Mitglied der GWUP[19] und Autor vieler Bücher zum Thema Aufklärung verschiedenster Alltagsphänomene, schreibt dazu „Skeptiker bezweifeln nicht die Aufrichtigkeit des Erzählenden, sondern die Genauigkeit der Erinnerung."[20]

In diesem Zusammenhang muss auch die so genannte „Gestaltwahrnehmung" Erwähnung finden. Dabei interpretiert das menschliche Gehirn eine abstrakte Form als vertraute (manchmal sogar menschliche) Gestalt.[21] Diese ist auch unter dem aus dem Altgriechischen stammenden Begriff „Pareidolie"[22] bekannt, wobei diese sich nicht nur auf Fehlwahrnehmungen des Auges, wie etwa Wolkenbilder, bezieht, sondern auch bei auditiven Reizen auftreten kann. Dies kommt v.a. bei so genannten „Tonbandstimmen"[23] zum Tragen. Carl Gustav Jung prägte einst den Begriff der „Synchronizität", und meinte damit, dass es zeitgleich auftretende Ereignisse gibt, die keinen Kausalzusammenhang besitzen, jedoch genauso gedeutet werden. Herrn von Lucadou nach, gibt es bei vermeintlich paranormalen Ereignissen oft eine „synchronistische

---

[18] Ebenda, 60.

[19] Gesellschaft zur wissenschaftlichen Untersuchung von Parawissenschaften e.V.

[20] Harder, Bernd, Warum die Uhr stehen blieb, als Opa starb. Merkwürdige Zufälle und unerklärliche Phänomene.München 2010, 27.

[21] vgl. dazu auch ebenda 62.

[22] Der Begriff lässt sich in etwa übersetzen mit „vorbei an der Erscheinung/Form"

[23] Dabei handelt es sich um eine beliebte Methode der Kommunikation mit der spirituellen Welt, hauptsächlich praktiziert von Geisterjägergruppen, die mittels meist digitaler Diktiergeräte Aufnahmen an Orten machen, an denen es spuken soll. Nach wiederholtem Anhören, manchmal auch Verstärken und Filtern der Aufnahmen, lassen sich manchmal Stimmen darauf hören, die eigentlich zum Zeitpunkt der Aufnahme nicht live zu hören waren und dem Reich der Toten zugeschrieben werden.

Überschwemmung", eine extreme Häufung von Synchronizitäten. Unter Einwirkung der Weltsicht und Religion der Betroffenen, werden etliche Ereignisse über einen Kamm geschoren.[24] Plötzlich sind die kaputte Glühbirne und die sich öffnende Tür sowie die Bildstörung am Fernseher durch Geisterhand entstanden, sie haben für die „Spukopfer" die gleiche (übernatürliche) Quelle.

Eine weitere Ursache für paranormale Phänomen gibt Lucadou folgendermaßen: „Wenn Sie etwas erleben, das Sie nicht einordnen können, kann es passieren, dass Sie es mit einem längst vergangenen Erlebnis verbinden, das Sie aber immer noch belastet."[25] Dabei handelt es sich um Attributions- oder Zuordnungsphänomene. Probleme, die wir nicht lösen können, werden für einen späteren Zeitpunkt „gespeichert". Wenn dann ein neues unbegreifliches Problem auftritt, setzen wir beide miteinander in Verbindung. Was ist jedoch, wenn die Betroffenen Dinge sehen, von denen sie eigentlich nichts wissen können? Auch hierzu hat Herr von Lucadou eine Erklärung parat: es handelt sich um das Anzapfen von über lange Zeiträume hinweg angehäuftem „Erzähl- und Erfahrungsgut", wodurch er auch Nahtoderfahrungen erklärt.[26]

Dabei können auch unbewusst wahrgenommene Dinge plötzlich aus unserem Gedächtnis auftauchen und uns beeinflussen. In diesem Buch werden auch viele Erlebnisse berichtet, die davon zu zeugen scheinen, dass Kinder eine besondere Wahrnehmungsfähigkeit für Geister haben. Doch was steckt dahinter? Herr von Lucadou ist der Auffassung, dass es sich dabei lediglich um „unsichtbare Spielgefährten", eine Form der Halluzination, handelt. Er rät den Eltern dazu, dem Kind nicht einfach zu sagen „da ist nichts", da das

---

[24] Lucadou, Walter; Poser, Manfred, Geister sind auch nur Menschen. Was steckt hinter okkulten Ereignissen? Ein Aufklärungsbuch, Freiburg 1997, 100f.

[25] Lucadou, Walter; Wagner, Peter, Die Geister, die mich riefen. Deutschlands bekanntester Spukforscher erzählt, Köln 2012, 127.

[26] Lucadou, Walter; Wagner, Peter, Die Geister, die mich riefen. Deutschlands bekanntester Spukforscher erzählt, Köln 2012, 121.

Kind dadurch stark verunsichert wird. Man soll stattdessen dem Kind versichern, dass man ihm glaubt, dass es jemanden oder etwas gesehen hat. Um das 10. Lebensjahr, so schreibt er, verschwinde dieses Phänomen meist von selbst.

Bei Kindern kommt außerdem noch hinzu, dass sie zwischen der Welt ihrer Fantasie und der materiellen Welt noch nicht so gut unterscheiden können wie Erwachsene. Beide Welten vermischen sich manchmal und so ist für das Kind der geträumte oder fantasierte Hausgeist manchmal so real wie der Familienhund.[27]

Sollten die Eltern, aufgrund ihrer Weltsicht und Religion, dennoch der festen Überzeugung sein, ihr Kind werde regelmäßig von einem Geist heimgesucht, ist es wichtig, Ruhe zu bewahren und die eigene Angst nicht auf das Kind zu übertragen.

In diesem Buch habe ich ein Kapitel den so genannten Poltergeistphänomenen gewidmet, die sich doch ein wenig von den anderen Geistergeschichten abzuheben scheinen. Um zu sehen, was es damit auf sich haben könnte, wenden wir uns nun zunächst einmal Herrn von Lucadous Passion und Berufung zu: der (animistischen) Parapsychologie. Erwartungsgemäß gibt es seit langem harte Grabenkämpfe zwischen den Skeptikern, allen Voraus den Vertretern von Skeptikerorganisationen wie der deutschen GWUP, und der Parapsychologie – in diesem Lande v.a. Herrn Walter von Lucadou. Doch scheinen nicht alle Skeptiker von vornherein die Parapsychologie zu verteufeln. So schreibt z.B. Herr Wolfgang Hell zu diesem Thema: „Die Beschränkung der Parapsychologie auf eine einzige Erklärung[28] ist es, die mich stört. Die Parapsychologie könnte ein so spannendes Gebiet sein, das auch in der Mainstream-Wissenschaft mehr Beachtung finden würde, wenn sie diese

---

[27] Lucadou, Walter; Poser, Manfred, Gesiter sind auch nur Menschen. Was steckt hinter okkulten Ereignissen? Ein Aufklärungsbuch, Freiburg 1997, 111ff.

[28] Gemeint ist hier wohl v.a. ein Erklärungsmodell für „echten Spuk" der animistischen Parapsychologie. Diese führt Spukfälle auf sich wiederholende und spontan auftretende Psychokinese zurück. Im Englischen wird diese als Recurrent Spontaneous Psychokinesis, kurz RSPK, bezeichnet.

Beschränkung aufgäbe und ernsthaft nach naturalistischen Erklärungen für ihre Befunde und Berichte suchen würde."[29] Wobei man doch auch bedenken sollte, dass Herr von Lucadou u.a. promovierter Physiker ist.

Sicherlich hat sich unser Spukforscher Nr.1 im Laufe seiner Dienstjahre eine große Erfahrung in der Beurteilung vermeintlich paranormaler Ereignisse zugelegt, jedoch muss ich zugeben, dass auch ich mich ein wenig an der extremen Fixierung auf RSPK als scheinbar einzige Erklärung für echten Spuk, im Volksmund als Poltergeistphänomen bezeichnet, störe.

Sehen wir uns aber zunächst an, was die Parapsychologie zu Poltergeistphänomenen / echtem Spuk zu sagen hat. Walter von Lucadou schreibt in seinem Buch „Psyche und Chaos" dazu: „So ist in der Parapsychologie die Ansicht weit verbreitet, dass Psi-Phänomene unter bestimmten psychologischen und sozialen Bedingungen bevorzugt aufzutreten pflegen, z.B. Spukphänomene in Zusammenhang mit pubertierenden Jugendlichen."[30] Personen, die als Auslöser dieser Phänomene angesehen werden, erhalten dabei auch die Bezeichnung „Spukagent".

Die animistische Parapsychologie hält also die Psyche eines lebenden Menschen für den Auslöser von Spukphänomenen, im Gegensatz zu Spiritisten, die Seelen von Verstorbenen dafür verantwortlich machen. Außerdem soll „echter Spuk" eine Spur im Leben hinterlassen, also die materielle Umwelt verändern können.[31]

Unter anderem ist, nach Lucadou's Meinung, Stress ein Auslöser jener Phänomene. Doch bringt Herr Bartoschek hier einen interessanten Gedanken auf: könnte es denn auch sein, dass Stress

---

[29] Hell, Wolfgang, Von Schafen und Ziegen. Der sechste Sinn und die unbewusste Wahrnehmung, in: Skeptiker. Zeitschrift für Wissenschaft und kritisches Denken, 2, 2010, 56.

[30] Lucadou, Walter, Psyche und Chaos. Theorien der Parapsychologie, Regensburg 1995, 56.

[31] Lucadou, Walter; Wagner, Peter, Die Geister, die mich riefen. Deutschlands bekanntester Spukforscher erzählt, Köln 2012, 19.

hier nicht der Auslöser ist, sondern die erlebten Phänomen bei den Spukopfern einfach zu Stress führen? Was ist Ursache, was ist Wirkung? Herr Bartoschek gibt eindeutig der nicht-paranormalen Komponente den Vorzug.

Des Weiteren schreibt er, der Besuch von so genannten „Geisterjägern" bei den Betroffenen bereite dem Spuk oftmals ein Ende. Walter von Lucadou ist zudem der Meinung, wenn man die Spukagenten über die Situation, d.h. über ihre eigene Mitwirkung an der Sache, aufklärt, so stoppen auch die Phänomene. Könnte es sich in beiden Fällen um einen Placebo-Effekt handeln?[32]

Um zu zeigen, wie extrem sich ein Placebo-Effekt auswirken kann, möchte ich auf einen interessanten Fernsehbeitrag des bekannten und medienwirksamen Skeptikers Derren Brown verweisen, der in einer inszenierten Studie an verschiedene Personen, die unter mehr oder weniger starken Angstzuständen / Phobien litten, verschiedene Arten von Placebos austeilen lies. Nach Ende der „Studie" waren bei den meisten Teilnehmern die Beschwerden verschwunden oder zumindest stark gebessert.[33]

Ein Ende der erlebten Phänomene durch Kontakt mit „Experten", die als eine Art Placebo für die Betroffenen fungieren, wäre also durchaus naheliegend, und würde sich auch mit meiner persönlichen Erfahrung decken.

Wenn ein Spukopfer über eine Geistererscheinung berichtet, kann dies natürliche verschiedene Erklärungen haben. Zum einen ist es wichtig, ob der Betroffene zum Zeitpunkt der Sichtung gerade aufgewacht oder am eindösen war. Falls er jedoch angibt, hellwach gewesen zu sein, kann man auch eine Halluzination nicht ausschließen. Diese treten gehäuft bei Menschen auf, die unter

---

[32] Vgl. Bartoschek, Sebastian; Waschkau, Alexa, Ghosthunting. Auf Spurensuche im Jenseits, Aschaffenburg 2013, 82.

[33] Brown, Derren, Fear and Faith, Teil 1, 2012.

emotionalem Stress stehen, z.B. ihren Lebenspartner verloren haben, und können uns komplett real vorkommen.[34]

Viele der oben geschilderten Erlebnisse spielen sich jedoch nachts ab. Man ist gerade eingeschlafen oder am Aufwachen. Eine mögliche Begründung für die erlebten Phänomene könnte die Funktionsweise unseres Gehirns geben, konkreter: der Wechsel von Wach- und Tiefschlafphasen. Unser Gehirn schränkt zu unserem Schutz unsere Bewegungsfähigkeit im Tiefschlaf ein. Wenn man dann manchmal bereits am Aufwachen ist, doch der Körper noch wie gelähmt wirkt, bringen viele das mit einer unheimlichen Wesenheit, vielleicht sogar einem Dämon, in Verbindung. Hinzu kommt noch, dass sich auch manchmal Traumbilder mit den realen Sinneseindrücken vermischen und so die erschreckendsten Visionen erzeugen. Man spricht von hypnagogen Halluzinationen beim Einschlafen und von hypnopompen Halluzinationen beim Aufwachen.[35]

Ein weiteres viel berichtetes Erlebnis sind Schattengestalten, im Englischen auch als „shadow people" bzw. „shadow person" bezeichnet. Die Betroffenen sehen eine Gestalt, die selbst in absoluter Finsternis wahrnehmbar ist. Diese werden teilweise sogar als mit leuchtenden Augen beschrieben. Die Mehrheit der Augenzeugen hat diese freilich nur aus den Augenwinkeln gesehen, und da unser Sehvermögen bekanntermaßen im Augenwinkel stark beeinträchtigt ist, kann man wohl von Sinnestäuschungen und Gestaltwahrnehmung ausgehen.

Doch nicht in jedem Falle scheint dies die richtige Erklärung zu sein. Einige Personen geben an, sie hätten die Schattenperson auch frontal und über einen längeren Zeitraum beobachten können. Wie sind

---

[34] Interessant dazu auch Lucadou, Walter; Poser, Manfred, Geister sind auch nur Menschen. Was steckt hinter okkulten Ereignissen? Ein Aufklärungsbuch, Freiburg 1997, 110f.

[35] Vgl. auch Bartoschek, Sebastian; Waschkau, Alexa, Ghosthunting. Auf Spurensuche im Jenseits, Aschaffenburg 2013, 85.

diese Berichte zu werten? Herr Bartoschek rief mir mit seinem Buch[36] wieder eine Studie ins Gedächtnis, über die ich bereits 2006 einen Artikel gelesen hatte. Olaf Blanke, ein Neurologe, führte darin einige Experimente mittels elektrischer Stimulationen bestimmter Gehirnregionen durch. Bei einer Epilepsiepatientin stimulierte er den Rand des linken Schläfenlappens. Dadurch kam es der Patientin so vor, als würde sich plötzlich noch eine weitere Person im Raum befinden, die sie als Schattenwesen beschrieb. Dies konnte in mehreren Durchläufen wiederholt werden. Das stimulierte Gehirnareal ist für die Unterscheidung von Selbst- und Fremdwahrnehmung zuständig. Doch erscheint mir das Ergebnis dieses Experiments als Erklärung für die geschilderten Phänomene im Alltag der Betroffenen als arg weit hergeholt und sicherlich nicht zutreffend. Was genau also diese Erscheinungen im Einzelnen ausgelöst hat, muss vorläufig wohl noch offen bleiben.

Doch es gibt noch weitere Möglichkeiten für Faktoren, die z.B. Halluzinationen oder unheimliche Gefühle auslösen können.
Bei Tönen unterhalb von 16 Hz spricht man von Infraschall. Diese sind für das menschliche Ohr nicht mehr wahrnehmbar, können uns aber dennoch stark beeinflussen. Diese tiefen Töne können bei uns zu Halluzinationen, Angstgefühlen, Beklemmung und dem Gefühl, beobachtet zu werden, führen. Natürliche Ursachen dafür können z.B. Erdbeben oder bestimmte Winde sein, wobei Infraschall auch in tausenden Kilometern Entfernung noch seine Wirkung entfalten kann. Außerdem gibt es in unserer technisierten Umwelt etliche Quellen, die Infraschall erzeugen können, z.B. Aufzüge, U-Bahnen und sogar manche Lautsprecherboxen. Auch in alten Gemäuern soll es durch Luftverwirbelungen zur Entstehung von Infraschall kommen.[37] Professor Richard Wiseman hat hierzu zusammen mit der

---

[36] Ebenda 85f.

[37] Vgl. Bartoschek, Sebastian; Waschkau, Alexa, Ghosthunting. Auf Spurensuche im Jenseits, Aschaffenburg 2013, 148. Eine Studie zu diesem Phänomen: Tandy V., Lawrence, T., The

Komponistin Sarah Angliss und zwei Akustikexperten ein Experiment während zweier Konzerte durchgeführt. Die beiden - ansonsten vollkommen identischen Konzerte - unterschieden sich lediglich dadurch, dass bei einem davon versteckt Infraschalltöne abgespielt wurden. Alle Konzertbesucher wurden jeweils gebeten, einen Fragenbogen auszufüllen. Das Ergebnis war erstaunlich: viele Menschen gaben an, sie hätten sich, während des mit Infraschall unterlegten Konzertes, unwohl gefühlt, es wurde von kalten Schauern, Beklemmung und sogar dem Gefühl einer (übernatürlichen?) Anwesenheit berichtet.[38] Es scheint demnach, als wäre Infraschall in einigen Fällen eine valide Erklärung für Berichte von Geistererscheinungen und unheimlichen Wahrnehmungen aller Art.

Und nun zu einem Thema, das schon viele hitzige Diskussionen zwischen Gläubigen und Skeptikern ausgelöst hat: Orbs. Darunter versteht man leuchtende globuläre Objekte, die aus Energie bestehen sollen - und zwar nicht irgendeiner Energie, nein - der Lebensenergie eines Geistwesens. Diese so genannten "Orbs"[39] treten demnach häufig an Örtlichkeiten auf, an denen es spuken soll. Viele Personen haben diese Leuchtkugeln schon auf Foto und Film gebannt, ja ganze Bücher wurden bereits darüber geschrieben. Auffallend ist jedoch, dass kaum jemand diese Orbs mit bloßem Auge gesehen hat.[40] Meist handelt es sich tatsächlich nur um Artefakte auf Aufnahmemedien. Wenn man eine moderne Digitalkamera für Fotos benutzt, so lädt sich der Sensor statisch auf, Staubpartikel werden davon angezogen und wirken auf dem entstandenen Foto plötzlich viel größer und

---

ghost in the machine. Journal of the Society for Psychical Research, 62, 851, 1998, 360-364. Sowie Tandy, V., Something in the Cellar, Journal of the Society for Psychical Research, 64, 2000, 129-140.

[38] Siehe dazu auch http://www.sarahangliss.com/infrasonic-the-experiment, letzter Zugriff am 15.9.2014.

[39] Das Wort "orb" stammt aus dem Englischen und bedeutet einfach "Kugel".

[40] Ausnahmen bestätigen die Regel: man vergleiche hierzu z.B. die Geschichte mit den Plasmakugeln im "Kinderzimmer" auf Schloss Neuburg.

näher als sie wirklich sind. Wenn man dann auch noch den Blitz betätigt hat, so erscheinen die Staubpartikel so, als würden sie plötzlich von innen heraus leuchten, manchmal sogar in verschiedenen Farben. Sie erscheinen transparent, da sie sich nicht im fokussierten Bereich befinden. Nimmt man dazu dann noch die oben bereits erwähnte "Pareidolie", so erkennt der eine oder andere sogar ein Gesicht im Muster des Staubpartikels. Wenn man genau hinsieht, kann man allerdings manchmal die Form der Kamerablende in den Orbs erkennen. Bei Videoaufnahmen ist es ähnlich, jedoch hat man bei Nachtaufnahmen dann als Lichtquelle Infrarotlicht, das die Partikel ebenfalls scheinbar zum Leuchten bringt. Neben den klassischen "orbs" gibt es auch schleierähnliche Gebilde oder wurmförmige Objekte auf Fotos. Diese entstehen durch eine längere Belichtungszeit, meist ausgelöst durch die "Nachtmodus"-Einstellung der Kamera.

Und nun zu guter Letzt noch etwas zu einem noch immer weit verbreiteten und tief verwurzelten Aberglauben. Ich habe im Laufe der Recherchen zu diesem Buch einige Zuschriften erhalten, die sich mit den angeblich schrecklichen Folgen einer Ouijabrett- oder Hexenbrettsitzung (teilweise auch Gläserrücken) befassen. Auch auf meiner Facebookseite "Wahre Geistergeschichten und Spuklegenden" wurde darüber berichtet und es regnete oftmals glühende Warnungen von Usern. Obwohl ich viele dieser Berichte, die v.a. auf Experimente von Teenagern zurückzuführen sind, nicht in dieses Buch aufgenommen habe, möchte ich dennoch etwas zu diesem Thema schreiben. Sicherlich haben schon einige Leser vom „Carpenter-Effekt", „Ideomotoreffekt" oder „Ausdrucksbewegungen" gehört. Auf diesen Effekt sind die „erstaunlichen" Ergebnisse einer solchen spiritistischen Sitzung hauptsächlich zurückzuführen. Wenn man an etwas denkt, bzw. eine bestimmte Bewegung am Ouijabrett erwartet, macht man automatisch und vollkommen unbewusst, kleine Muskelbewegungen. Nehmen mehrere Teilnehmer an der Ouijasitzung teil, summiert sich manchmal diese leichte Bewegung und die Planchette (oder das Glas) sausen schnell über das Brett. Ebenso ausgelöst durch leichte Muskelbewegungen, funktionieren Wünschelruten und Pendel, wobei bei all jenen Praktiken auch die Erwartungshaltung und Gemütsverfassung des Ausführenden eine Rolle spielen.[41] Es kommt deshalb durchaus häufig vor, dass sich die Planchette oder das Glas am Ouijabrett keinen Millimeter von ihrem Platz bewegen lässt, oder das Pendel ohne nennenswerte Bewegung bleibt.

Erwähnenswert ist sicherlich auch, dass das Ouijabrett keinesfalls so alt und mystisch ist, wie viele vielleicht glauben. Es kam zunächst Ende des 19. Jahrhunderts, im Zuge der amerikanischen Spiritismuswelle, auf. Doch erst die Übernahme aller Lizenzrechte durch Parker Brothers, einem amerikanischen Spielehersteller, brachte ab 1966 die große Bekanntheit.

Wer sich nun noch immer vor dem Ouijabrett fürchtet, der soll es doch einfach einmal selbst ausprobieren und so die letzten Restzweifel zerstreuen.

Vielleicht konnte der eine oder andere Leser in diesem Kapitel eine mögliche rationale Erklärung für erlebte Spukphänomene finden. Das schließt natürlich nicht aus, dass es womöglich doch noch eine andere, vielleicht sogar übernatürliche, Erklärungsmöglichkeit geben kann, denn:

"Es gibt mehr Ding im Himmel und auf Erden, als Eure Schulweisheit sich träumt, ..."[42]

---

[41] Siehe zu diesem Thema auch Hyman, Ray, The Mischief-Making of Ideomotor Action, in: The Scientific Review of Alternative Medicine, Fall-Winter 1999. Hell, Wolfgang, Von Schafen und Ziegen. Der sechste Sinn und die unbewusste Wahrnehmung, in: Skeptiker. Zeitschrift für Wissenschaft und kritisches Denken, 2, 2010, 59.

[42] Shakespeare, William, Hamlet, 1. Akt, 5. Szene.

Danksagung

Viele Menschen haben sich die Mühe gemacht, mir ihre Erlebnisse aufzuschreiben und zu schicken, bzw. auf mein Diktiergerät zu sprechen. Ihnen allen danke ich von Herzen, denn ohne sie wäre dieses Buch nicht möglich gewesen.

Mein besonderer Dank gilt meiner Familie: meinem Onkel Dr. Jörg Kastner und v.a. meinem Mann und meinen Eltern, für ihre ständige Unterstützung.

Ein weiteres Dankeschön geht an Dr. Peter Teubner für seine tatkräftige und unermüdliche Hilfe beim Layout, J. S., Sarah Hahn und Ulrich Seider M.A., der mich letztendlich auch wieder an mein „altes" Buchvorhaben erinnerte und sozusagen der Stein des Anstoßes war, es endlich in Angriff zu nehmen.

Ein abschließendes Wort an den Leser

Wer dieses Buch gelesen und sich gedacht hat „so etwas ist mir doch auch schon passiert" oder „meine Oma hat mir mal erzählt...", den bitte ich darum, mir diese Geschichte(n) zu schicken. Vielleicht wird mir dadurch ein zweiter Band ermöglicht, denn Spukgeschichten gibt es in diesem Land reichlich.
Emails bitte an:
spuklegenden@gmail.com oder
wahregeistergeschichten@gmail.com

Es gibt auch eine geschlossenen Facebook-Gruppe, zu der ich alle Interessierten mit entsprechenden Erfahrungen herzlich einladen möchte: https://www.facebook.com/groups/wahregeistergeschichten/

Printed in Germany
by Amazon Distribution
GmbH, Leipzig